AF546492

Das große Buch der Philosophie

1. Auflage 2022
ISBN 978-3-03876-228-7

Fachliche Beratung: Umberto Galimberti

Texte: Umberto Galimberti, Irene Merlini, Maria Luisa Petruccelli
Übersetzung: Dr. Ulrike Schimming, Hamburg
Lektorat: Silvia Bartholl, Frankfurt
Layout: Ulrich Borstelmann, Dortmund
Projektleitung: Gregory C. Zäch, Zürich

Printed in Europe

Originaltitel: »PERCHÉ? 100 storie di filosofi per ragazzi curiosi«

Illustrationen: Isabella Bersellini (S. 36, 58, 82, 102, 116, 142, 160, 182, 202, 214), Nanà Dalla Porta (S. 28, 46, 66, 90, 122, 134, 162, 184, 200, 218), Anna Grimal López (S. 32, 42, 62, 86, 106, 124, 144, 164, 172, 210), Gaia Inserviente (S. 40, 52, 78, 88, 110, 136, 178, 188, 196, 220), Chiara Luzi (S. 24, 44, 60, 80, 104, 120, 132, 154, 180, 204), Giorgia Marras (S. 8, 30, 64, 84, 100, 108, 128, 146, 166, 186, 208), Anna Masini (S. 38, 56, 74, 98, 118, 138, 150, 170, 192, 216), Marta Pantaleo (S. 22, 54, 68, 72, 96, 126, 152, 168, 190, 206), Giulia Tomai (S. 34, 50, 70, 92, 112, 140, 158, 174, 194, 212), Lucilla Tubaro (S. 26, 48, 76, 94, 114, 130, 148, 156, 176, 198).

Bibliografische Information der Deutschen Bibliothek
Die Deutsche Bibliothek verzeichnet diese Publikation in der Deutschen Nationalbibliografie unter www.dnb.de.

Der Midas Verlag wird vom Bundesamt für Kultur für die Jahre 2021–2024 unterstützt.

Midas Verlag AG, Dunantstrasse 3, CH 8044 Zürich
kontakt@midas.ch, www.midas.ch, socialmedia: follow »midasverlag«

Umberto Galimberti

Das große Buch der Philosophie

100 Porträts für Neugierige

Irene Merlini
Maria Luisa Petruccelli

MIDAS

Inhalt

Vorwort

Von Umberto Galimberti

Ein Philosophiebuch für Kinder, fragen Sie sich? Aber sicher, denn Kinder sind von Natur aus Philosophen. Sobald sie auf die Welt kommen, haben Kinder ein unstillbares Bedürfnis, die Welt zu erkunden, in der sie gelandet sind. Das fängt bei der mütterlichen Welt an, die ihnen Nahrung und Schlaf garantiert und sie beruhigt. Nach und nach erkunden sie dann die weitere Umgebung: Die Kinder erfahren die Dinge, die um sie herum sind. Wieder und wieder beschäftigen sie sich mit ihnen und prüfen so, ob sie sich auf diese Dinge verlassen können.

1. Die Angst vor dem Unvorhersehbaren

Um in der Welt zurechtzukommen, muss ein Kind zunächst die Angst vor dem Unvorhersehbaren überwinden lernen. Diese Angst hat die Menschheit von Anbeginn ihres Daseins empfunden und versucht seitdem unablässig, sie zu bewältigen. Anfangs nutzten die Menschen dafür Rituale, die durch ihre immer gleichen Handlungen eine gewisse Regelmäßigkeit garantierten. Später bedienten sie sich der Mythen, die von beispielhaften Verhaltensweisen erzählen, sodass die Zuhörer vorhersehen konnten, welches Verhalten zu einem guten oder schlechten Ende führen würde. Schließlich versuchten es die Menschen mit der Vernunft. Diese ist nicht nur ein Produkt der Logik, sondern auch eine Verteidigungsstrategie gegen die Angst vor dem Unvorhersehbaren. Das rationale Denken – mit der Philosophie als Türöffner – kann uns vor dieser Angst bewahren.

Neugeborene sind bereits Philosophen, nicht weil sie die Philosophie kennen, sondern weil sie, um in einer unbekannten Welt zu überleben, unmittelbar und unbewusst ein Verhalten annehmen, das der Philosophie gleicht. Dadurch erfahren sie die Welt so, dass sie jene Furcht (die Kinder noch nicht haben) entwickeln, die sie vor Gefahren bewahrt. So verringern sich die Ängste, die sie jedes Mal überkommen, wenn die Welt sich ihnen als unverständlich präsentiert.

Wenn wir unsere Kinder beobachten, stellen wir fest, dass sie sich vor nichts fürchten und somit ständig Gefahren ausgesetzt sind. Daher müssen wir ununterbrochen auf sie aufpassen, sei es, wenn sie ein Glas ergreifen und nicht wissen, was sie damit machen sollen, sei es, wenn sie sich über die Balkonbrüstung lehnen oder in die Flamme einer Kerze fassen, nur um zu sehen, wie sich das anfühlt.

Furcht ist ein hervorragender Schutzmechanismus, der uns von Gefahren fernhält. Da Kinder die Dinge der Welt und ihre Gefahren aber noch nicht kennen, fürchten sie sich zwar nicht, aber sie haben Angst. Wenn ein Kind in der Nacht aufwacht und in seinem dunklen Zimmer nichts erkennt: Schon bekommt es Angst. Diese ist – wie Heidegger und Freud aus zwei unterschiedlichen Positionen, aber mit fast den gleichen Worten erklären – dadurch geprägt, dass es nichts gibt, an dem sich das Kind orientieren kann. Es gibt keinen Bezugspunkt, nichts Bekanntes, kein beruhigendes Bild. Das verzweifelte Weinen legt sich erst, wenn Mutter oder Vater das Licht anschaltet, sich an sein Bett setzt und dem Kind die Orientierung in seiner Welt wiedergibt. So beruhigt sich seine Angst.

2. Das ständige »Nein« der Eltern definiert die Dinge

Solange Kinder die Dinge der Welt und die Beziehungen, die diese Dinge zueinander haben, nicht kennen, lauert für sie die Angst überall. Um sich davor zu schützen, lernen Kinder aus einem natürlichen Bedürfnis heraus zwei grundsätzliche Prinzipien der Vernunft, mit denen sich die Philosophie seit ihren Anfängen befasst: das Nicht-Widerspruchsprinzip und das Kausalitätsprinzip.

Das Nicht-Widerspruchsprinzip besagt, dass etwas es selbst ist und nicht etwas anderes. Das scheint offensichtlich, aber das Kind, das noch nicht das Alter der Vernunft erreicht hat, hält sich nicht an dieses Prinzip. So dient beispielsweise der Stift in der Hand zum Malen. Doch sobald das Kind das Malen unterbricht und sich den Stift in den Mund steckt, verändert er seine Bedeutung: Er ist nicht mehr ein Instrument zum Malen, sondern ein Schnuller. Und wenn das Kind mit dem Stift das Geschwisterchen angreift, verändert er erneut die Bedeutung und wird zu einem Angriffsinstrument.

Die Verwirrung der Bedeutungen, ihr beständiges Oszillieren ist ein typisches Zeichen der Unkenntnis, in der die Kinder sich unvermeidlich wiederfinden. Denn wenn sie auf die Welt kommen, verfügen sie noch nicht über die Instrumente, mit denen sie ihre Umgebung deuten können. Mittels dieser Instrumente, die sie nach und nach erwerben, verabschieden sich die Kinder von dieser Unkenntnis und gelangen schrittweise zur Vernunft. Der erste Schritt besteht in der exakten Festlegung der Bedeutung der Dinge, sodass ein Stift ein Stift ist und nichts anderes. Er dient zum Malen und nicht zum Nuckeln oder Angreifen. Das ununterbrochene Nein der Eltern vermittelt ihnen das Nicht-Widerspruchsprinzip, nämlich, dass jedes Ding es selbst ist und nichts anderes.

Das hat einen doppelten Vorteil: Einerseits fördert es eine eindeutige Kommunikation. Sagt ein Elternteil also: »Gib mir bitte einen Stift«, dann gibt das Kind ihm nicht den Radiergummi, denn es hat gelernt, dass der Stift ein Stift ist und nichts anderes. Anderseits verringert sich die Angst der Eltern. Denn sie wissen, dass das Kind den Stift richtig benutzt, ebenso wie das Glas, nach dem es greift, oder die Schere, mit der es Figuren ausschneidet.

Das Nicht-Widerspruchsprinzip, der Grundsatz der rationalen Ordnung, ist nicht nur ein logisches Prinzip, sondern auch die Grundlage für das Verständnis, wenn wir miteinander reden. Zudem ist es die Grundlage, warum wir vor anderen keine Angst haben, die vor unseren Augen mit Gegenständen hantieren. Denn wenn alle sich an das Nicht-Widerspruchsprinzip halten, das die Bedeutung der Dinge definiert, können wir vorhersehen, was eine Person mit einem bestimmten Gegenstand machen wird. Seit den Anfängen der Menschheit hat jede Gruppe, jede Gemeinschaft zwei Probleme lösen müssen: einander zu verstehen, wenn gesprochen wird, und unvorhersehbares Verhalten der Einzelnen abzuwenden. Ohne die Lösung dieser beiden Probleme wären weder Ordnung noch Fortschritt in einer Gemeinschaft möglich gewesen.

3. Die Warum-Phase

Sobald Kinder das Nicht-Widerspruchsprinzip begriffen haben, machen sie sich auf die ununterbrochene Suche nach dem Kausalitätsprinzip. Sie wollen herausfinden, wie und warum etwas in der Welt passiert, um mit einem Minimum an Vorhersehbarkeit darin leben zu können. Nachdem sie begriffen haben, dass Gegenstände herunterfallen und kaputt gehen, sobald sie sie loslassen, lernen die Kinder das festzuhalten, was ihnen wichtig ist. Mit der Zeit entwickeln sie diese nicht so leicht zu befriedigende Neugierde, die das Umfeld in Unruhe versetzt, wenn es für Fragen keine Lösung gibt. Wie im Fall des Kindes, das auf der Straße plötzlich zur Mutter sagte: »Ich glaube, Gott gibt es nicht, weil er doch keine Mama hat.« Hinter dieser Bemerkung steht eine Überlegung, die folgende Analogie erkennen lässt: Wenn ich existiere, weil meine Mutter mich auf die Welt gebracht hat, wie kann dann Gott existieren, wenn keine Mutter ihn geboren hat? Dieses Kind ist wahrscheinlich nicht so sehr an der Existenz Gottes interessiert, als vielmehr am Kausalitätsprinzip, ohne das die Dinge sich nicht erklären lassen und daher keinen Daseinsgrund haben.

Die Antwort der Mutter war frustrierend: »Für solche Probleme bist du noch viel zu klein. Wenn du älter bist, wirst du es verstehen.« Nein! Das Kind muss es *jetzt* verstehen, um sich besser in der Welt orientieren zu können. Es muss die Verbindungen zwischen den Dingen erkennen, die erst dadurch in ihrem Entstehen und Vorkommen nachvollziehbar werden.

Aristoteles erinnert uns: »Alle Menschen streben von Natur aus nach Wissen. [...] die Erfahrenen kennen nur das Daß, aber nicht das Warum; [Künstler] aber kennen das Warum und die Ursache.«[1] Darum fragen Kinder in einem gewissen Alter ständig nach dem Warum der Dinge. Sie dann mit oberflächlichen oder vagen Antworten zu enttäuschen ist schlimmer, als gar nicht zu antworten. Denn das erstickt ihre Neugierde und nötigt sie, sich mit dem zufriedenzugeben, was sie sehen und fühlen. So können Kinder jedoch keine kritische Haltung entwickeln, mit der sie überprüfen, ob das, was sie sehen und fühlen, wahr ist oder nicht.

4. Argumentationsfähigkeit

Warum glauben wir von bekannten Dingen, dass wir etwas über sie wissen? Weil wir immer wieder von ihnen gehört haben? Weil die Medien von ihnen berichten? Weil ein Politiker oder ein anerkannter Wissenschaftler sie befürwortet? Weil sie so gut zu unseren politischen oder religiösen Überzeugungen passen? Weil wir von einer Person, die gut reden und überzeugen kann, Argumente übernommen haben? Wenn das die Grundlage für unser Wissen ist, dann wissen wir so gut wie nichts. Denn etwas zu wissen bedeutet, unsere These mit belastbaren Argumenten zu stützen. Auch rhetorische Vorschläge, die Gefühle in uns auslösen, ohne sich auf gültige Argumente zu stützen, dürfen uns nicht aus der Bahn werfen.

Die Philosophie entsteht durch die Abgrenzung von der Sophistik, die mit falschen Informationen argumentiert, um einen Betrug zu verschleiern, und von der Rhetorik, die die Gefühle anspricht und so aus emotionalen und nicht aus rationalen Gründen zum Glauben verleitet. Wenn wir unsere Kinder von falschen Überzeugungen fernhalten wollen, müssen wir sie daran gewöhnen, Argumente für ihre Annahmen zu liefern. Vor allem aber sollen sie lernen, die versteckten Widersprüche in den Argumenten anderer aufzudecken, die sie mit scheinbar nachvollziehbaren Begründungen zu etwas überreden wollen. Mit dieser Aufklärung sollten wir bereits in der frühen Kindheit anfangen, wenn sich in unseren Kindern kognitive und emotionale Landkarten bilden.

5. Kognitive und emotionale Landkarten

Freud glaubte, dass sich in den ersten sechs Lebensjahren im Kind kognitive und emotionale Landkarten bilden. Kognitive Landkarten entscheiden über die Art, wie sich ein Kind während des Heranwachsens Wissen aneignet. Emotionale Landkarten legen fest, wie ein Kind seine Umgebung und die Dinge, die ihm zustoßen, empfindet. Die Neurowissenschaften sind etwas präziser als Freud und meinen, dass sich die Karten bereits in den ersten drei Lebensjahren ausformen. Diese wichtigen Prägungen können wir bei unseren Kindern feststellen, indem wir auf die Bilder achten, die sie malen: Wie ordnen sie die Figuren an, welche Farben setzen sie bevorzugt ein? Bereits daran können wir erkennen, wie sie die Welt wahrnehmen und welche gefühlsmäßigen Reaktionen diese in ihnen auslöst.

Eltern tragen bei der Bildung der kognitiven und emotionalen Landkarten, die sich im Erwachsenenalter nur noch schwer verändern lassen, eine große Verantwortung. Werden die Kinder dabei nicht begleitet, dann bilden sie diese Karten selbst, so gut sie können – und zwar nur durch das, was sie sehen, hören, und auf Grundlage der Botschaften, die sie bekommen, wenn sie sich exponieren und fragen. Daher ist es sehr wichtig, den Kindern zuzuhören, ihre Fortschritte aufmerksam zu betreuen und zu belohnen, auf ihre Fragen ernsthaft zu antworten und nicht über ihre Unbedarftheit zu lachen.

Für die kindliche Identitätsbildung ist es also notwendig, dass die Eltern die Arbeiten ihrer Kinder aufmerksam betrachten. Denn die Identität ist kein Geschenk der Natur, sondern ein Produkt von Anerkennung. Sobald diese fehlt, wird ein Kind künftig weder seinen eigenen Gedanken noch seinen Gefühlen vertrauen.

6. Von Trieben zu Gefühlen

Bekanntermaßen haben die Menschen im Gegensatz zu den Tieren keine Instinkte, die unabänderlich auf einen Reiz reagieren, sondern nur unbestimmte Triebe, die sich verschieden äußern können. Ein aggressiver Trieb kann sich in Gewalt ausdrücken oder aber in einer konsequenten Haltung. Einen erotischen Trieb können wir sexuell ausleben, oder aber wir sublimieren ihn, indem wir ihn in Poesie oder ein Gemälde umsetzen.

Der Unterschied liegt in der Erziehung im Umgang mit unseren Trieben. Tiere werden von ihren Instinkten gesteuert, die ihnen keine Wahl lassen. Menschen hingegen können ihre Verhaltensweisen wählen und bestimmte Absichten damit verfolgen.

Eine fehlende Erziehung im Umgang mit den Trieben zwingt die Kinder bereits in jungen Jahren, sich einzig durch Taten auszudrücken statt durch Worte und Überlegungen. Beispiele dafür sind etwa Mobber, die nicht das geringste Bewusstsein für die Schwere ihrer Handlungen haben. Kant hielt die Unterscheidung zwischen Gut und Böse für nicht notwendig, weil alle Menschen sie ganz natürlich in sich *fühlten*. Mobbern fehlt dieses »Fühlen« jedoch, denn sie haben durch eine mangelnde Erziehung nicht gelernt, die unmittelbaren emotionalen Reaktionen zu spüren, die das eigene Verhalten normalerweise begleiten.

Mit emotionalen Reaktionen meine ich die, die wir von Kindesbeinen an kennen, wenn uns Märchen vorgelesen wurden. (Nicht nur heitere, sondern auch düstere, grausame, denn Kinder sollten nicht von dem Bösen und der Trauer ferngehalten werden; diese verstehen sie entsprechend ihres Alters und lernen daraus, wie sie später reagieren sollten, wenn sie damit konfrontiert werden.)

So haben wir - mehr auf emotionalem als auf geistigem Weg - den Unterschied zwischen Gut und Böse, Richtig und Falsch gelernt. Wir haben einen Sensor entwickelt, mit dem wir »fühlen«, ob unsere Handlungen gut oder schlecht, richtig oder falsch sind.

Ohne eine solche emotionale Erziehung bleiben Kinder auf einem triebhaften Level stehen, dessen soziale Gefährlichkeit uns die Medien täglich vor Augen führen. Zudem fehlt ihnen dann ein unmittelbares Bewusstsein für Gut oder Schlecht ihrer eigenen Handlungen.

7. Von den Emotionen zu den Gefühlen

Triebe sind natürlich. Emotionen sind zum Teil natürlich, zum Teil anerzogen. Gefühle jedoch haben wir nicht von Natur aus, sondern aufgrund unserer Kultur. Gefühle erlernen wir. Und alle Gesellschaften, von den antiken bis zu den modernen, haben sich dieser Aufgabe nie entzogen. Seit Anbeginn der Zeit haben Gemeinschaften den Unterschied zwischen rein und unrein, heilig und profan gelehrt - durch Erzählungen, Mythen und Rituale. Sie haben den Bereich des Guten und des Bösen definiert, indem sie Ordnungsmuster schufen, die den Mitgliedern einer Gemeinschaft eine Orientierung für ihr eigenes Verhalten lieferten. Das Unreine war mit der Ansteckung verbunden, auf die mit Schrecken und Isolation reagiert wurde. Nur magische Opferrituale konnten in diesen Fällen helfen.

Die alten Griechen hatten im Olymp alle menschlichen Gefühle, Leidenschaften und Tugenden als Vorbild und zur Orientierung angesiedelt: Zeus war die Macht, Athene die Weisheit, Aphrodite die Sexualität, Ares verkörperte die Aggressivität, Apoll die Schönheit, Dionysos den Wahnsinn. Heute, in unserer entzauberten Gegenwart, können wir beim Erlernen von Gefühlen zwar nicht mehr auf die Mythen zurückgreifen, aber wir haben das großartige Repertoire der Literatur, die uns Liebe in all ihren Facetten lehrt, Schmerz in all seinen Ausformungen zeigt und unzählige Beispiele für Freude, Traurigkeit, Begeisterung, Langeweile, Tragödie, Hoffnung, Illusion, Melancholie oder Überschwang liefert. Durch die Literatur verfügen wir über eine geistige Landkarte, die uns beispielsweise beim Schmerz nicht nur einen Ausweg, sondern auch Möglichkeiten aufzeigt, ihn zu ertragen.

8. Von den Gefühlen zu den Gedankenübungen

Unseren Geist zu erziehen ist jedoch nur möglich, wenn wir das Denken üben. Dieses ist jedoch viel aktiver und produktiver, wenn es von den Gefühlen begleitet wird. Der Geist bleibt verschlossen, wenn sich zuvor nicht schon das Herz geöffnet hat. Es ist kein Zufall, dass wir jene Schulfächer liebten und besser in ihnen waren, deren Lehrkräfte uns begeistert haben. An Fächern, in denen wir demotiviert wurden, hatten wir keinen Spaß. Platon erinnert uns daran, dass man durch Teilhabe, Nachmachen und Begeisterung lernt. Ohne emotionale Anteilnahme funktioniert das Denken nicht gut. Das gilt für alle Wissensbereiche, auch für solche, die von der emotionalen und gefühlsmäßigen Ordnung weit entfernt zu sein scheinen. Denn ohne Leidenschaft können auch sie nicht weiterentwickelt werden. Kinder wollen alles wissen, aber sie brauchen jemanden, der ihnen beibringt, dass Wissen nicht bedeutet, über viele Informationen zu verfügen. Informationen kann man sich aus dem Internet holen. Wissen bedeutet, Verbindungen zwischen unterschiedlichen Informationen herzustellen. Die Philosophie ist der Bereich, in dem diese Verbindungen geschaffen werden.

Daher sollten wir Philosophie schon in den Grundschulen unterrichten. Das ist heute notwendiger denn je. War die Schule früher die einzige Institution, in der Wissen weitergegeben wurde, so gibt es heute viele Quellen dafür: vom Kino über das Theater, von den Zeitungen über das Fernsehen bis zum Internet, ganz zu schweigen von den sozialen Netzwerken, wo wahre und falsche Informationen aufeinandertreffen, ohne dass auch nur ein Bewertungskriterium angeboten wird. Der Schule bleibt also eine grundlegende Aufgabe: Verbindungen zwischen den Informationen herzustellen, die die Kinder bereits besitzen, und ihnen beizubringen, welche Grundlagen die Meinungen haben, die ihr Verhalten und ihr Leben bestimmen. Verbindungen herzustellen und die eigene Meinung auf den Prüfstand zu stellen, das ist genau die Aufgabe, die sich die Philosophie bei ihrer Entstehung selbst auferlegt hat.

9. Philosophie ist kein bestimmtes Wissen, sondern unaufhörliches Üben von Kritik

Als Sokrates sich als »Philosoph« bezeichnete und sich damit von den Sophisten, den Meistern der Überzeugungskunst, abgrenzte, sagte er von sich, dass er überhaupt kein Wissen besäße, im Gegensatz zu den Weisen, den Priestern und den Menschen im Allgemeinen, die von der Wahrhaftigkeit ihrer Meinung überzeugt waren. Auf der Suche nach der Wahrheit fragte er daher seine Zuhörer oder Schüler nach ihren Ansichten zu einem bestimmten Argument. Sokrates stellte sie auf die Probe. Er wollte damit überprüfen, ob ihre Meinungen auf tragfähigen Argumenten beruhten, die allen denkbaren Einwänden standhielten, oder ob sie einknickten, weil sich bei einer genauen Untersuchung Widersprüche auftaten.

Das Nicht-Widerspruchsprinzip, das schon Kinder in zartem Alter erlernen, wird bei Sokrates zum Schlüssel, der unbegründete Meinungen widerlegt und nur solche zulässt, die keine offensichtlichen Widersprüche aufweisen.

Wir alle haben beispielsweise mehr oder weniger eine Meinung zu Gerechtigkeit, Wahrheit oder Schönheit. Aber nicht alle haben die richtigen Argumente, um ihre Thesen zu stützen. In so einem Fall sagte Sokrates über sich, dass er sich nicht wie ein Weiser verhält, der im Besitz des absoluten Wissens ist und lehrt, was Gerechtigkeit, Wahrheit oder Schönheit ist. Er verhielt sich vielmehr wie ein Schmied, der mit dem Finger ein Gefäß abklopfte, um am Klang zu überprüfen, ob es aus echter Bronze war oder nicht. So wie der Schmied mit den Gefäßen umging, so überprüfte Sokrates, ob die Meinungen, die seine Zuhörer und Schüler vortrugen, begründet waren oder nicht, ob es eine perfekte Kausalität zwischen den Prämissen und den Konsequenzen gab oder nicht, ob ihre Meinungen Widersprüche beinhalteten oder einwandfrei waren. Und womit machte er das? Mit einem Dialog.

10. Der philosophische Dialog

Ein Dialog ist nicht so entspannt, wie unser normaler Sprachgebrauch es zu vermitteln scheint. Wie alle griechischen Worte, die mit der Vorsilbe »dia-« beginnen, markiert er einen Gegensatz, so wie »diametral«, das die größte Distanz zwischen zwei Punkten in einem Kreis meint, oder wie »diabolisch«, also das Gegenteil von »göttlich«. »Dialog« bezeichnet den Abstand zwischen zwei oder mehreren Meinungen. Denn wir führen keinen Dialog mit jemandem, der mit uns übereinstimmt. Das ist dann lediglich eine Zustimmung.

Die philosophische Übung besteht im Führen eines Dialogs, was bedeutet, verschiedene oder gar entgegengesetzte Meinungen darzulegen und einander gegenüberzustellen. Dies allerdings nicht, um über den Gegner zu siegen oder ihn zu übertrumpfen, wie es oft in Fernsehdebatten der Fall ist, sondern um gemeinsam mit ihm die Wahrheit zu finden. Daher ist es notwendig, dass die Diskussion in einer freundschaftlichen Atmosphäre geführt und nicht als Wettbewerb angesehen wird. Darauf verweist der Ausdruck »filía« (Freundschaft), der im Wort »Philo-sophie« enthalten ist.

Im Unterschied zum Weisen *besitzt* der Philosoph, wie wir bereits gesehen haben, die Wahrheit nicht, sondern er *liebt* sie. Und so sucht er zusammen mit Freunden, die ihre vielleicht ganz andere Meinung kundtun, danach oder versucht, sich ihr wenigstens anzunähern. Wegen dieser Besonderheit unterscheidet sich der »philosophische« Dialog von der »Eristik«, wie die Griechen die Kunst des Streitgesprächs nannten, die typisch war für die Sophisten. Diese argumentierten mit spitzfindigen und trügerischen Sätzen oder auch falschen Schlussfolgerungen, unabhängig von der angeblichen Wahrheit oder Unwahrheit. Im philosophischen Dialog muss man sehr tolerant sein, allerdings nicht im Sinn der Toleranz, dass der andere ausreden darf (das ist lediglich gute Erziehung), sondern indem man von der Annahme ausgeht, dass die Ausführung des anderen einen höheren Wahrheitsgehalt hat als die eigene. Auch Kinder sollten, sobald sie miteinander diskutieren, diese Art des Anhörens anderer Meinungen erlernen. Jedoch nicht, weil es ein Zeichen guter Erziehung ist, sondern weil sie so ihre eigenen Erfahrungen und vielleicht auch ihr Wissen bereichern. Sie können auf diese Weise ihre Vorurteile ablegen, die der korrekten Bildung eines eigenen Urteils im Wege stehen. Kinder in Philosophie auszubilden bedeutet, ihnen die Technik des philosophischen Dialogs beizubringen, die grundlegende Bedingung für ein friedliches und konfliktfreies Zusammenleben ist.

11. Wie nähert man sich der Wahrheit?

Wenn wir ein Urteil abgeben, äußern wir in Wirklichkeit nur ein Vor-Urteil, nämlich unsere Art, die Dinge zu betrachten: Es fängt bei der Welt an, in die wir geboren wurden, bei unserer Erziehung, geht über die von uns besuchten Schulen, die gelesenen Bücher und unsere Lehrerinnen und Lehrer, bis hin zu den gemachten Erfahrungen und den Menschen, die wir kennengelernt und die uns beeinflusst haben. Diese Vorurteile können wir nicht ablegen, denn dann wären wir ohne Wurzeln. Wir können uns weder von unserer eigenen Geschichte lossagen noch von den Orten unserer Geburt und unserer Kindheit.

Wir alle gehen hin und wieder mit Freunden ins Kino, und beim Rausgehen geben wir dann unser eigenes »Urteil« über den gerade gesehenen Film ab. Hört man die Meinungen anderer Kinobesucher, könnten wir glauben, dass alle völlig unterschiedliche Filme gesehen haben. Denn wir nehmen davon nur das auf, was mit unserer Weltsicht übereinstimmt oder ihr widerspricht. Und die ist von Individuum zu Individuum ganz unterschiedlich. Das heißt, jedes Mal, wenn wir über etwas sprechen, reden wir in Wirklichkeit nicht darüber, sondern erzählen einfach nur unsere eigene Geschichte oder unsere Art, wie wir die Welt sehen.

Dabei laut zu werden und mit Nachdruck unsere Meinung kundzutun (die ja nur unser Vorurteil ist, unsere persönliche Weltsicht eben), bringt uns der Wahrheit nicht näher. Diese finden wir viel eher, indem wir die Meinungen der anderen mit Wohlwollen anhören, so wie es der philosophische Dialog verlangt. Danach korrigieren wir unser eigenes Urteil aufgrund der Anregungen, die wir interessant finden und die von den anderen kommen.

Auf diese Art verleihen wir unserer Meinung einen relativen Wert. Zwar gelangen wir durch das Verändern und Korrigieren unserer Meinungen nicht zur Wahrheit, aber wir verhindern, dass wir in unseren Denkschemata verharren. Je starrer diese werden, umso weniger sind wir in der Lage, die Entwicklung der Welt und das, was um uns herum geschieht, zu verstehen.

12. Die Philosophie als Pflege unserer Ansichten

Unser Leben wird von unseren Ansichten geregelt. Es kommt jedoch vor, dass sich diese manchmal verhärten oder abstumpfen, manchmal werden sie krank, manchmal verlöschen sie wie Sterne. Um sie lebendig zu halten, müssen wir sie problematisieren, in Frage stellen und mit anderen Meinungen konfrontieren. Wir müssen verhindern, dass sie aus biografischen, kulturellen und sentimentalen Gründen oder gar aufgrund von Propaganda in unserem Geist unkontrolliert Wurzeln schlagen und in uns wie hypnotisierende Vorschriften wirken, die weder Einwände noch Kritik ertragen.

Mit dieser Denkübung befasst sich die Philosophie. Auch Kinder sollten sie bereits in jungen Jahren kennenlernen. Einfache Ansichten sind natürlich bequem, weil keine Probleme vertieft werden müssen und leichte Urteile gefällt werden können, die jeglichen Zweifel verjagen. Einfache Ansichten, die nicht mehr hinterfragend angezweifelt werden, liefern sofort eine Antwort, die alle kritischen Fragen tilgt oder sie zumindest in ihrer Wichtigkeit abschwächt. Vielleicht sagte Konfuzius deshalb: »Wer alle Antworten kennt, hat nicht alle Fragen gestellt bekommen.«

Das vorliegende Buch ist also kein Nachschlagewerk für Antworten, sondern eine Einladung, Probleme von verschiedenen Seiten zu betrachten. Oft erscheinen Probleme unlösbar, weil sie nur von einem Standpunkt aus beleuchtet werden, der andere Sichtweisen ausblendet. Diese könnten, wenn sie offen angesprochen und nicht verschwiegen werden, nur weil man recht behalten will, in einer scheinbar ausweglosen Diskussion weiterhelfen.

Wir sollten also unseren Horizont bis zur Unendlichkeit weiten und nicht aufhören, alles angeblich Offensichtliche zu hinterfragen, und nicht wie Schafe brav den ausgetretenen Pfaden folgen, die andere für sie bereitet haben.

»Habe den Mut, dich deines eigenen Verstandes zu bedienen«, schrieb Kant[2]. Das Ziel ist es, diese nie endende Aufgabe zu erfüllen, sich Fragen zu stellen, das Existierende anzuzweifeln. Der Mensch ist ein Produkt von inneren und sozialen Kämpfen, und nur im unablässigen Dialog mit anderen können vorübergehende Lösungen gefunden werden, die die eigene eingeschränkte Weltsicht erweitern. Sie ist nämlich der wahre Grund, warum uns die Unlösbarkeit der Probleme schmerzt.

Eine wahre Antwort beendet niemals den Diskurs, sondern trägt die nächste Frage bereits in sich. Sie verändert unseren Geist wie eine beharrliche Welle und überzeugt uns, dass kein Schmerz ewig, kein Problem unlösbar und keine Antwort endgültig ist. Denn so liegt es in der Natur des Menschen, den Nietzsche als »das nicht festgestellte Tier«[3] bezeichnet hat. Und wegen dieses unentwegten Fragens verändern sich unsere Ansichten, die es sich aufgrund unserer Denkfaulheit in uns bequem gemacht haben und uns kein Verständnis für die Welt zugestehen, in der wir leben. Die Medien informieren uns zwar täglich über die raschen Veränderungen, ohne uns allerdings eine kritische Urteilskraft zu vermitteln, die uns hilft, neue Ansichten zu entwickeln, um die Welt um uns herum zu verstehen.

Doch wenn wir nicht verstehen, in welcher Welt wir leben, weil wir, um uns nicht zu verlieren, nur an einfachen Ansichten haften bleiben - dann entfremden wir uns von der Welt oder werden zu entfremdeten, desinteressierten oder sogar pessimistischen Zuschauern.

13. Die Philosophie als Kritik der eigenen Ansichten

Um aktiv und teilhabend zu leben, müssen wir unsere Ansichten ständig überprüfen, sowohl unsere individuellen als auch unsere kollektiven. Wir müssen sie einer Kritik unterziehen, denn unsere Probleme sind Teil unseres Lebens. Und unser Leben fordert, dass wir auch die Ansichten, mit denen wir es deuten, zur Diskussion stellen. Deswegen müssen wir uns nicht nur um unsere eigenen Ansichten kümmern, sondern auch die Kinder daran gewöhnen, die eigenen Ideen kritisch zu betrachten.

Das Wort »Kritik« geht auf das griechische »krìno« zurück, das »ich urteile«, »ich bewerte«, »ich interpretiere« bedeutet. Jedes Urteil, jede Bewertung ordnet die Ansichten neu, die bis dahin unser Leben bestimmt haben und die uns vielleicht die Welt nicht mehr erklären können, weil diese sich auch ohne unser Zutun verändert. Wer nicht den Mut hat, sich zu öffnen, kommt nicht zur Ruhe. Denn je weniger ein Mensch versteht, desto orientierungsloser und unruhiger wird er sein.

Die Philosophie ist eine ständige Korrektur veralteter Ansichten, die uns aus purer Gewohnheit und Denkfaulheit beherrschen. Daher sollten wir unsere Kinder von klein auf an die Philosophie gewöhnen, damit sie lernen, Ansichten und Gedanken so auseinanderzunehmen, neu zu kombinieren, zu ersetzen und zu ändern, wie sie es mit ihren Spielsteinen machen. Der Geist will mit Ideen spielen und abenteuerliche Gedanken entwickeln, die Neues hervorbringen, das nicht gleich wieder verworfen wird, sondern mit dem man sich auseinandersetzt. Denn Ideen sind zwar zerbrechlich wie Kristall, aber manchmal auch so kraftvoll, dass sie unseren Horizont erweitern. So werden wir toleranter, weil wir offener sind, besser verstehen und dadurch besser leben.

Thales von Milet

Hast du dich je gefragt, woher die Berge, die Sterne, die Tiere, deine Gedanken und überhaupt alle Dinge kommen? Thales war der Erste, der dazu Überlegungen anstellte. Mit ihm entsteht die Philosophie. Sie sucht nach dem Ursprung von allem. Ihr steht die Wissenschaft gegenüber, die nur den Ursprung von einzelnen Dingen erforscht. Die Philosophie hingegen wendet sich dem Ganzen zu, neben dem es nichts Weiteres gibt, sie sucht nach der Gemeinsamkeit in allen Dingen, auch wenn diese ganz unterschiedlich und gegensätzlich sind.

Während Thales die Natur beobachtete, kam er zum Schluss, dass die Grundlage von allem das Wasser sein müsse. Aber warum ausgerechnet Wasser? Ein Goldfisch könnte ohne Wasser tatsächlich nicht überleben, alle Pflanzen auf der Welt würden vertrocknen, und wie könnten Kamele die Wüste durchqueren, wenn sie nicht einen großen Wasservorrat in ihren Höckern speichern würden? Auch du könntest ohne Wasser nicht leben. Es scheint, dass Wasser für das Leben wirklich wichtig ist. Für Thales ist das Wasser nicht nur ein Naturelement, sondern es besitzt auch eine Kraft, wenn es beispielsweise in einem Fluss strömt oder aus einem Samen eine Pflanze wachsen lässt.

Denk mal an all die Formen, die das Wasser annehmen kann: Schnee, Eis, Dampf und Nebel. Der Urwald am Amazonas, der zu den feuchtesten Gebieten der Welt zählt, besitzt die größte Vielfalt an Pflanzen und wird daher »die Lunge der Welt« genannt. So verbinden wir das Element Wasser mit dem Leben, denn die Lungen brauchen wir zum Atmen, und atmen müssen wir, um zu leben. Ganz gleich, ob Thales recht hatte oder nicht, seine Bedeutsamkeit liegt darin, dass er sich als Erster die Frage nach dem Ursprung von allem stellte.

Thales von Milet (ca. 624-547 v. Chr.) war Astronom und Mathematiker. Er war der erste Philosoph der westlichen Welt, denn er hat zum ersten Mal nach der Grundlage von allem gefragt.

Mach's wie Thales

Wenn du ein Element wählen müsstest, das in allen Dingen vorkommt, für welches würdest du dich entscheiden?

DAS UNENDLICHE

Anaximander

Du weißt natürlich, dass ein Schmetterling zuerst eine Raupe ist. Irgendwann verpuppt sich die Raupe und krabbelt schließlich als bunter Schmetterling mit zarten Flügeln aus ihrem Kokon. Jeder Schmetterling entsteht also aus etwas, das vorher bereits da war.

Für Anaximander jedoch kann der Ursprung von allem nicht etwas sein, das es in der Natur schon gibt wie Wasser, Feuer oder Luft. Der Ursprung ist für ihn vielmehr so etwas wie eine merkwürdige Umarmung, nur dass niemand jemanden umarmt oder jemand umarmt wird. Dieser seltsamen Umarmung gab er den Namen Apeiron. Das bedeutet »das Unendliche«[4]. Dieser Begriff bezieht sich auf etwas, dem du keine Form zuordnen kannst, keine Farbe, und du kannst ihn auch nicht als etwas denken, das zuerst nicht da war und dann geboren wird. Etwas, das nicht wie etwas anderes ist und also auch nicht anders sein kann als das andere; etwas, das nirgendwo ist. Wenn du nun meinst, dass du diese seltsame Umarmung nicht verstehst, dann hast du begriffen, um was es sich handelt!

Im *Apeiron*, das immer in Bewegung ist, formt nach Anaximander eine immens starke Kraft einen Strudel, in dem Wärme und Kälte entstehen. Sie erschaffen alle Dinge, die in der Natur und im Universum vorhanden sind: Die Wärme bildet Sonne, Mond und Sterne. Die Kälte bringt Erde, Wasser und Luft hervor. Der Regen hingegen fällt, wenn Wärme und Kälte sich vermischen. Diese Dinge umarmen sich jedoch nicht so wie die Umarmung des *Apeiron*, sondern versuchen, sich gegen das andere durchzusetzen. Zum Glück gelingt es ihnen nicht, denn sonst würden wir seltsame Dinge erleben wie einen ewigen Sommer, in dem es niemals Tag wird, oder einen immerwährenden Winter, in dem es keine Nacht gibt. Oder es gäbe unendlich viele Raupen, die niemals zu Schmetterlingen würden!

Anaximander (um 611-545 v. Chr.) war einer der ersten Philosophen der griechischen Welt. Er beobachtete und studierte die Natur, weil er erklären wollte, was am Anfang von allem steht. Er hat als Erster vermutet, dass die Erde im Weltraum treibt.

Hinterfrage Anaximander

Wie kann etwas, das keine Form und keine Farbe hat und nirgendwo existiert, all das erschaffen, was es auf der Welt gibt? Was meinst du?

Laotse

Stell dir eine Schachtel in glänzendem Papier und mit Schleife vor. Du willst sie auspacken, aber darin ist ... nichts. Was soll das? Und wenn ich dir sage, dass es nicht stimmt, dass da nichts drin ist, sondern dass es eine leere Schachtel ist? Ist das für dich ein Unterschied?

Hast du schon mal an die Leere gedacht? Für Laotse war die Leere überaus wichtig. Stell dir eine Vase vor. Laotse sagte: Ihr Nutzen liegt nur in der Leere, die in ihr herrscht. Stimmt, denn wenn der Töpfer das Innere der Vase auch mit Ton gefüllt hätte, wie könnten wir sie dann benutzen?

Oder ein Zimmer: Ohne die Öffnungen für Tür und Fenster gäbe es darin weder Luft noch Licht, und wir könnten auch nicht hineingehen. Die Leere scheint also sehr wertvoll zu sein. Für Laotse war sie sogar mehr wert als die Fülle. Er dachte aber anders als wir heutzutage. Normalerweise glauben wir, dass ein Haus voller Dinge mehr wert ist als ein leeres, dass eine schlaue Person angesagter ist als jemand, der nichts weiß, und dass ein Leben voller Verabredungen mehr gilt als eines ohne Termine.

Für Laotse hingegen sind wir besser, je leerer wir sind: Wenn wir schon beim Aufwachen wissen, was wir am Tag machen, welche Kleider wir anziehen oder welche Menschen wir treffen wollen ... tja, und wenn dann etwas geschieht, bekommen wir es unter Umständen gar nicht mehr mit. Wachen wir hingegen leer auf, bemerken wir alles: alle Einzelheiten und all die kleinen Dinge. Leer zu sein bedeutet nicht, dass uns etwas fehlt. Es bedeutet, offen zu sein wie ein Fenster: offen für das Licht, die Dunkelheit und die Luft, die hinein und hinaus müssen.

Laotse (604-520 v. Chr.) ist der Vater des Taoismus, einer der wichtigsten Lehren des Fernen Ostens. Über Laotse wissen wir nicht viel. Er wurde in China geboren, war ein großer Denker und hatte viele Schüler.

Denk nach mit Laotse

Nimm eine Schachtel, fülle sie mit Sand und trommle darauf herum.
Dann schütte den Sand aus und trommle wieder darauf herum:
Gibt es einen Unterschied? Wenn ja, welchen?

ALLES IST EINE ZAHL

Pythagoras

Findest du Mathe manchmal total schwierig und hättest es am liebsten, wenn es keine Zahlen gäbe? Doch ohne Zahlen könntest du nicht mal beim Versteckspielen bis zehn zählen! Für Pythagoras war alles eine Zahl, denn für ihn bestand jedes Ding aus Zahlen und Beziehungen zwischen den Zahlen.

Um Zahlen darzustellen, legte er kleine Kiesel auf den Boden und bildete daraus Figuren. Das mag dir seltsam vorkommen, denn um die Zahl »sechs« anzuzeigen, schreibst du einfach »6«. Pythagoras hingegen legte seine Kiesel in einer bestimmten Reihenfolge: drei in die erste Reihe, zwei in die zweite und einen in die dritte. Oder er legte je zwei Kiesel in drei Reihen. Wenn du also genau hinschaust, kann die Sechs entweder ein Dreieck oder ein Rechteck sein.

So entdeckte Pythagoras, dass Zahlen bestimmte Eigenschaften haben und einige spezieller sind als andere. Vor allem aber entdeckte er, dass sie mit ihrer Form und Ordnung die Harmonie der Natur hervorbringen, so als würden sie Musik erschaffen. Als Pythagoras einen Schmied beobachtete, der mit seinen Hämmern auf ein Stück Eisen schlug, erkannte er, dass diese Schläge angenehm klangen, wenn zwischen den Gewichten der Hämmer ein bestimmtes Zahlenverhältnis bestand. Der Ton eines Hammers beispielsweise war angenehm, wenn der zweite Hammer nur halb so schwer war, ihre Beziehung also 2 : 1 war. Zahlen verbergen sich also wirklich überall: sogar in deinem Lieblingssong. Wenn er dir gefällt, ist das nämlich auch das Verdienst der Zahlen!

Pythagoras (570-496 v. Chr.) stellte den berühmten mathematischen Satz auf, der seinen Namen trägt. In seiner Schule förderte er nicht nur das Studium der Zahlen, sondern auch die Bedeutung des Wissens für die Seelenreinigung.

Mach's wie Pythagoras

Zeichne eine Zehn wie ein Dreieck. So erhältst du die *Tetraktys*, die perfekte Zahl, auf die die Schüler von Pythagoras ihren Eid schworen.

3

Buddha

Siddhartha Gautama war der erste Buddha, das bedeutet »der Erwachte«. Siddhartha stammte aus einer Adelsfamilie und verließ eines Morgens den Palast. Als er das Leid in der Welt sah, war er sehr erschüttert und wollte herausfinden, woher dieses Leid kam und wie man es überwinden konnte. So ließ er alles zurück und ging auf Wanderschaft. Er entdeckte, dass der Grund für das Leid in den Menschen selbst lag, in ihren Wünschen und ihrem Egoismus. Durch dieses Wissen fand er den Weg zum Glück und wurde Buddha.

Überleg mal: Was bereitet dir Leid? Die Turnschuhe, die du dir so sehr wünschst? Dass eine Freundin sich lieber mit einem anderen Mädchen trifft als mit dir? Dass du krank bist und nicht ins Kino kannst? Vielleicht denkst du, dass du mit neuen Turnschuhen, mit der Freundin oder durch den Kinobesuch glücklicher wärst. Aber oft passiert es, dass dir andere Schuhe dann noch besser gefallen, dass deine Freundin doch nicht so ist, wie du dachtest, oder dass du den Film blöd findest. Dann beklagst du dich wieder – und wirst niemals glücklich.

Für Buddha ist das gierige Verlangen nach etwas wie das Strampeln im Wasser, wenn man nicht untergehen will: Je mehr man strampelt, umso schneller versinkt man. Wenn du jedoch in dir selbst Halt findest, kannst du auf dem Wasser treiben oder sogar schwimmen.

Buddha sagte, dass alles unbeständig ist, das heißt, nichts dauert ewig. Dieses Wissen lässt seine Anhänger die Welt in einem anderen Licht sehen und hilft ihnen, alles als Geschenk zu nehmen, auch wenn sie etwas nicht gewünscht haben.

Siddhartha Gautama Buddha (563-483 v. Chr.) war Mönch, Philosoph und Mystiker. Er entdeckte die Vier edlen Wahrheiten, auf denen der Buddhismus gründet, eine Philosophie und Lebensweise, die in der ganzen Welt verbreitet ist.

Denk nach mit Buddha

Wenn du das nächste Mal traurig bist, weil dir scheinbar irgendetwas fehlt, versuche, das wertzuschätzen, was du hast.

Konfuzius

Bist du hin und wieder frech zu deinen Eltern? Dann verhältst du dich respektlos. Konfuzius hätte gesagt, dass du dich nicht gut benimmst. Wir müssen andere Menschen auf die richtige Art behandeln, und für Konfuzius müssen wir dafür die Stufen der Beziehungen respektieren. Für ihn stehen zwei Personen niemals auf derselben Stufe. Diejenige, die tiefer steht, muss die respektieren, die weiter oben steht. Die höherstehende Person muss für die untere hingegen ein Vorbild sein. Wenn du also ein guter Mensch sein willst, sei respektvoll, treu und vertrauensvoll gegenüber deinen Eltern, älteren Geschwistern, älteren Freunden oder Personen, die mehr wissen als du, beispielsweise deine Lehrerinnen und Lehrer. Und wenn du kleine Geschwister hast, kümmere dich um sie.

Für Konfuzius lebt eine Gesellschaft nur in Harmonie, wenn sich jeder an seine Rolle auf den Beziehungsstufen hält. Kannst du dir das Durcheinander vorstellen, wenn die Menschen die Stufen einfach hoch- und runtersteigen würden? Wenn du deine Mutter wie eine Schwester behandelst oder wenn dein Vater auf der Arbeit mit seinem Chef wie mit einem kleinen Sohn reden würde?

Konfuzius hielt es für wichtig, die Beziehungen in der Familie zu respektieren, weil du so lernst, dich gegenüber anderen immer gut zu verhalten. Für ihn war die Gesellschaft eine große Familie: Die, die oben stehen, müssen wie liebevolle Eltern sein, und die, die unten sind, wie respektvolle Kinder.

Aber Achtung! Das bedeutet nicht, blind zu gehorchen oder generalsmäßig zu befehlen. Die unersetzbare Zutat in jeder Familie ist die Liebe zueinander. Konfuzius nannte sie »das Gefühl für Menschlichkeit«, und das macht aus dir einen besseren Menschen, ganz gleich, auf welcher Stufe du stehst.

Konfuzius (551-479 v. Chr.) dachte sein ganzes Leben lang über eine gerechte und harmonische Gesellschaft nach. Seiner Meinung nach können nur das Studium der Vorfahren sowie das Einhalten der Regeln und der Rollen die Menschen besser machen.

Hinterfrage Konfuzius

Stell dir vor, du stehst am Lehrerpult, während die Lehrerin sich auf deinen Platz setzt. Wäre das wirklich so schlimm, oder könnte das nicht auch gut sein?

Heraklit von Ephesos

Es kann schon mal vorkommen, dass du an einem superlustigen Abend vor Erschöpfung einschläfst, obwohl du eigentlich ganz lange aufbleiben wolltest. Oder du liegst im Bett und würdest gern lange schlafen, weil du hundemüde bist, aber du bekommst kein Auge zu.

Scheinbar herrscht zwischen Wachsein und Schlafen ein ständiger Kampf, ein Tauziehen, bei dem eine Seite die andere besiegen will. Für Heraklit sind Paare wie Schlafen und Wachen etwas ganz Besonderes. Sie sind nicht nur unterschiedlich, sondern richtige Gegensätze, und daher sind sie Todfeinde und bekämpfen sich.

Bei ihrem Tauziehen gewinnt allerdings nie eine Partei: Zwar scheint es so, wenn ein Gegner fehlt, das heißt, wenn du schläfst, bist du nicht wach, und umgekehrt. Aber die Sache ist etwas anders: Während du schläfst, hat das Wachsein das Tau gar nicht losgelassen, sondern sammelt seine Kräfte, um es am Morgen wieder auf seine Seite zu ziehen. Trotz des ständigen Hin und Her sind Schlafen und Wachen unzertrennlich. Wenn es den Schlaf nicht gäbe, würdest du gar nicht merken, dass du wach bist, weil du keine andere Lebensweise kennen würdest, außer die mit ständig offenen Augen.

Die Welt ist voll von solchen Gegensätzen, sagte Heraklit: Tag und Nacht, Gesundheit und Krankheit, Hunger und Sattsein ... Und dank ihres ständigen Kampfes verändert sich alles immer wieder: Aus dem Schlaf wachst du auf, die Nacht weicht dem Tag und umgekehrt, jedes Mal. Diese Gegensätze sind wie Todfeinde, die den anderen ständig besiegen wollen. Sie schaffen es aber nicht endgültig, weil sie ohne einander gar nicht bestehen könnten.

Heraklit von Ephesos (554-483 v. Chr.) war als »Philosoph des Werdens« bekannt, denn seiner Meinung nach ist alles immer in Bewegung. Sein Spitzname war »der Dunkle«, weil es schwierig ist, seine Gedanken zu verstehen.

Mach's wie Heraklit

Denk über das Gegensatzpaar Tag-Nacht nach. Was würde passieren, wenn der Tag die Nacht endgültig besiegen würde?

Parmenides von Elea

Das Werk von Parmenides heißt *Über die Natur* und ist einer der ersten philosophischen Texte des Westens. In der Einleitung erzählt er eine Geschichte, die so geheimnisvoll ist, dass die Philosophen von heute immer noch darüber streiten, was Parmenides damit wohl sagen wollte.

Der Philosoph berichtete, dass er auf einem Wagen fuhr, der von zwei Rossen gezogen und von den Sonnentöchtern gelenkt wurde. Nachdem sie das Haus der Nacht verlassen hatten, raste der Wagen mit großer Geschwindigkeit auf das Haus des Lichts zu, durch dessen Tor die Pfade der Nacht und die des Tages führten. Dike, die strenge Göttin der Vergeltung, »die viel bestrafte«[5], besaß die Schlüssel zu diesem Tor. Aber die Töchter der Sonne überredeten Dike mit schmeichelnden Worten, sie durchzulassen. Hinter dem Tor erklärte die Göttin Parmenides den Grund für seine Reise »weitab vom Pfade der Menschen«[6]: Er war von den Göttern auserwählt worden, der »wohlgerundeten Wahrheit unerschütterliches Herz«[7] zu erfahren: »Das Seiende gibt es, das Nichtseiende aber ist unmöglich.«[8] Die Menschen allerdings hätten Mühe, das zu verstehen, denn sie vertrauten nur ihrer Meinung, die auf dem Sichtbaren beruhe.

In dieser Geschichte verweisen die konkreten Elemente, also das, was wir uns vorstellen können, auf etwas Tieferes und nicht Gegenständliches. Das Licht erinnert uns an die Wahrheit. Die Nacht steht für die dunkle Welt der Menschen, die nur Meinungen haben, aber nicht das wahre Wissen. Die zwei Rosse stellen die Neugierde dar, ohne die man nicht zum wahren Wissen gelangen kann. Und das Tor? Und die Geschwindigkeit des Wagens? Warum ist die Wahrheit »wohlgerundet«? Und warum schlagen sich die Mädchen, während sie zum Licht rasen, die Schleier vom Kopf zurück? Eines ist sicher: Wenn du die Geschichte von Platon liest (siehe Seite 48), wirst du dich an Parmenides und seine abenteuerliche Reise erinnern.

Parmenides (540-480 v. Chr.) war sowohl Gesetzgeber und Politiker als auch Philosoph. Er gründete zusammen mit seinem Schüler Zenon die »eleatische Schule«. Elea war eine griechische Kolonie südlich von Paestum, in der Provinz von Neapel.

Denk nach mit Parmenides

Warum ziehen sich die Mädchen auf dem Wagen die Schleier vom Kopf?
Ein Hinweis: Das griechische Wort für »Wahrheit« bedeutet »das Unverdeckte«.

HARMONIE UND STREIT

Empedokles

Stell dir vor, du schläfst ganz dicht bei jemandem, deinem Bruder zum Beispiel. Ihr umarmt euch so, dass ihr eine Art Kugel bildet. Empedokles glaubte, dass die Welt in ihrem Anfangszustand so ähnlich gewesen war: Die vier Elemente, also Luft, Wasser, Erde und Feuer, die die Welt bilden, waren so vereint, dass niemand sagen konnte, wo eines anfing und das andere aufhörte. Alles war harmonisch und unbeweglich.

Erst als Streit aufkam, begannen die Elemente zusammenzustoßen und sich zu trennen. Dabei schufen sie alles Leben, uns Menschen eingeschlossen. Und genau das passiert zwischen dir und deinem Bruder, wenn es Morgen wird: Es ist der Streit, der euch die Enge spüren lässt, weil ihr im Grund ja zwei seid. Und als wäre es ein Wettbewerb, muss jeder von euch seinen eigenen Platz finden. Ihr reckt euch und strampelt und steht auf, und alle erkennen, dass ihr zwei verschiedene Menschen seid. Damit es Leben gibt, müssen Liebe und Streit sich austauschen.

Aber sobald der Streit sich in Gewalt verwandelt, verschwindet die Liebe, denn der Krieg vernichtet alles. Die Elemente hassen sich dann so, dass sie nichts mehr miteinander zu tun haben wollen. Wasser will nur noch mit Wasser zusammen sein, Luft nur mit Luft ... und alle Dinge, die durch ihre Vermischung entstanden sind, darunter auch wir Menschen, verschwinden. Das wird früher oder später passieren, weil sich die Welt für Empedokles in Kreisläufen entwickelt. Doch nach der vollständigen Zerstörung kehrt die Liebe zurück. Das ist so, als wenn du mit deinem Bruder streitest, aber am Abend vertragt ihr euch wieder und schlaft Arm in Arm ein, wie eins. Und am nächsten Tag beginnt ein neues Kapitel eures Lebens und der Welt.

Die Menschen hielten Empedokles (um 483-424 v. Chr.) für einen Propheten, aber auch für einen Magier und Heiler. Er glaubte, dass es vier ewige Elemente gibt: Luft, Wasser, Erde und Feuer. Aus ihrer Bewegung sollen alle Dinge hervorgegangen sein.

Mach's wie Empedokles

Denk dir eine Geschichte aus, in der die Figuren sich immer vertragen.
Dann eine Geschichte, in der alle gegeneinander kämpfen. Welche ist spannender?

EINE SCHILDKRÖTE GIBT VOLLGAS

Zenon von Elea

Die Philosophie steckt voller unsinniger Überlegungen, die anfangs überhaupt nicht logisch erscheinen, aber trotzdem richtig sind. Diese Überlegungen nennt man »Paradoxien«, und Zenon von Elea war ein echter Spezialist dafür.

Eine der berühmtesten Paradoxien ist diese: Achill, ein superschneller Held, tritt in einem Rennen gegen eine Schildkröte an und gibt ihr einen Vorsprung. Wer gewinnt das Rennen? Zenon überlegte, dass in der Zeit, die Achill benötigt, um die Schildkröte einzuholen, sie schon ein Stück weiter gekrochen ist, zu einem Punkt A. Achill erreicht also Punkt A, wo die Schildkröte war. Aber in diesem Moment ist sie nicht mehr dort, weil sie in der Zwischenzeit noch ein Stück weitergezogen ist und Punkt B erreicht hat, und so weiter.

Achill muss also jedes Mal den Punkt erreichen, an dem die Schildkröte vorher war, während sie sich in der Zwischenzeit schon weiterbewegt hat, und so holt er sie nie ein! Auch Zenon wusste natürlich, dass die Schildkröte das Rennen bestimmt nicht gewinnt, also musste am Anfang oder während seiner Überlegung etwas falsch gewesen sein.

Paradoxien sind echte Denksportaufgaben. Man muss ganz genau überlegen, um den Irrtum zu finden. Denn irgendwo muss Zenon sich ja irren: Eine unsinnige Schlussfolgerung kann nicht richtig sein. Aber Paradoxien widersprechen anscheinend allem, was die allgemeine Erfahrung uns gelehrt hat, und erscheinen uns in ihrer Begründung trotzdem logisch.

Zenon von Elea (490-430 v. Chr.) war Teil der »eleatischen Schule«, die von Parmenides gegründet wurde, aber über sein Leben wissen wir nichts. Er war bekannt für seine Fähigkeit, ganz genau zu denken, und stellte Paradoxien auf, die ihn berühmt gemacht haben.

Denk nach mit Zenon

Der Barbier im Dorf, der alle rasiert, die sich nicht selbst rasieren:
Rasiert er sich selbst oder nicht?

Sokrates

Sokrates ging seinen Mitbürgern in Athen richtig auf die Nerven, denn er ließ sie nie in Ruhe. Doch was machte ihn so unerträglich? Ganz einfach: Er stellte Fragen.

Sokrates sagte: »Ich weiß, dass ich nichts weiß«, weil für ihn die Philosophie nicht über ein absolutes Wissen verfügt, so wie die Wissenschaft oder die Religion, sondern die Liebe für das Wissen ist. Aber Liebe besitzt nicht, sie sucht. Er überprüfte daher, ob die Meinung, die jemand über bestimmte Dinge hatte, begründet war oder nicht.

Sokrates fragte bei allem: »Was ist das?« Und wenn er mit anderen über die Schönheit diskutierte, fragte er: »Woher kommt deine Ansicht von Schönheit? Hat ein Künstler sie dir beigebracht? Oder bist du dieser Ansicht, weil alle so denken? Hast du gute Argumente, die deine Ansicht stützen? Denn nur in diesem Fall ist deine Ansicht keine Meinung, sondern kann als Wahrheit von allen anerkannt werden. Ich kann dir nichts beibringen. Aber wenn ich deinen Ideen zuhöre, kann ich dir sagen, welche gut begründet sind und welche nicht, so als ob ich mit den Fingern das Gefäß abklopfe und höre, ob es aus echter Bronze ist oder nicht.« So erkannten seine Zuhörer, die sich selbst für schlau hielten, dass sie im Grunde genommen gar nichts wussten.

Daher waren so viele von Sokrates genervt. Aber manche ließen sich auf Gespräche mit ihm ein, denn seine Art zu fragen half bei der Suche nach der Wahrheit, die durch Nachdenken zum Vorschein kam. Und wenn man erst einmal mit dieser Suche anfängt, kann man nicht mehr aufhören!

Sokrates (469-399 v. Chr.) war ein griechischer Philosoph. Er schrieb keine Bücher, denn für die Suche nach der Wahrheit nutzte er das Gespräch. Wir kennen ihn durch Platon, dessen Lehrer er war.

Hinterfrage Sokrates

Sokrates wurde von den Athenern zum Tod verurteilt, weil sie seine Art zu unterrichten, indem er andere zum Nachdenken brachte, für gefährlich hielten. Warum wohl?

Demokrit

Hast du schon mal ein Blatt Papier in so kleine Stücke gerissen, dass die Schnipsel schließlich viel zu klein für deine Finger waren?

Demokrit tat etwas Ähnliches, als er sich fragte, wie die Dinge gemacht sind. Er glaubte, dass wenn wir die Wirklichkeit in immer kleinere Stücke zerlegen, wir zu einem mikroskopisch winzigen Teilchen gelangen, das unsichtbar und unteilbar ist. Diesem Teilchen gab er den Namen »Atom«, das ist griechisch und bedeutet eben »unteilbar«.

Demokrit behauptete, dass alle Dinge aus Atomen bestehen. Aber für ihn sind beispielsweise Papier, dein Pullover und auch die Wellen des Meeres aus den gleichen Atomen gemacht. Im Grunde sind sie für alles und jedes gleich! Die Dinge sind nur verschieden, weil die Atome sich mal auf die eine, mal auf eine andere Weise zusammentun oder sich wieder trennen, bevor sie erneut etwas formen oder auflösen. Atome hat es immer gegeben und wird es immer geben. Wir sehen Veränderungen nur, weil die Teilchen sich ständig bewegen.

Doch Vorsicht: Weil Demokrit behauptete, dass alles aus Atomen besteht, musste er auch zugeben, dass etwas kein Atom ist. Überleg mal: Wenn die Welt rappelvoll mit Atomen wäre, würden diese so eng beieinander sein, dass sie sich nicht mehr bewegen könnten. Aber um Dinge zu formen, müssen sie sich hierhin und dorthin bewegen können.

Daher musste es für Demokrit auch die Leere geben, also einen Raum, in dem die Atome sich bewegen. Aber wenn die Leere etwas anderes und nicht aus Atomen gemacht ist, was ist sie dann? Ist sie dann noch etwas oder ist sie nichts?

Demokrit (460-371 v. Chr.) hat viele Schriften über die unterschiedlichsten Themen verfasst. Bekannt ist er vor allem für seine Theorie über die Atome, weshalb er als Vordenker der modernen Physik bezeichnet werden kann.

Mach's wie Demokrit

Mit einem musikalischen Experiment: Wie Atome brauchen auch Noten leeren Raum zwischen sich. Kannst du ohne Pausen und Rhythmus Musik erschaffen?

Hippokrates

Hat dir ein Arzt oder eine Ärztin schon mal gesagt, dass das Frühstück wichtig ist, weil dein Körper zum Start in den Tag Zucker braucht, so wie das Auto Benzin? Oder dass du dich ausruhen sollst, wenn du Fieber hast, so wie ein Auto, wenn es überhitzt ist? So gesehen sind Ärzte fast wie Mechaniker, die sich um den menschlichen Körper kümmern statt um Autos.

Jeder Arzt und jede Ärztin legt einen heiligen Eid ab, den »hippokratischen Eid«: Sie tun alles, um ihre Patienten zu heilen und Leid und Tod zu verhindern. Sie schwören es im Namen von Hippokrates, der nicht nur Philosoph, sondern auch Arzt war. Er suchte als Erster nach den Ursachen für Krankheiten. Hippokrates kritisierte die Heiler, die mit Ritualen und geheimnisvollen Tränken die Kranken gesund machen wollten. Denn er wusste, dass das Leben eine ernste Angelegenheit ist, dass Menschen sterben, wenn ein kranker Körper nicht behandelt wird. In der Medizin ist kein Platz für Unwissenheit: Man muss studieren, Erfahrung sammeln, den Kranken zuhören und die Symptome erkennen, um Menschen gesund zu machen.

Wie der Mechaniker, der an einem Geräusch erkennt, ob ein Auto neue Zündkerzen braucht, deutet der Arzt die Zeichen des Körpers, findet die Ursachen für eine Krankheit heraus und weiß die richtige Behandlung.

Doch Hippokrates war ja auch Philosoph: Seine Medizin berücksichtigte alle Aspekte des Kosmos (Luft, Wasser, Nahrung, Umgebung), um die Natur der Krankheiten zu erkennen und die entsprechenden Heilmittel zu finden. Man nannte sie »Kosmologische Medizin«. Der Arzt kümmert sich um deine Krankheit, aber vor allem sorgt er sich um deine Gesundheit.

Hippokrates (460-377 v. Chr.) ist der Vater der Medizin. Er bemerkte, dass eine Krankheit nicht von den Göttern geschickt wird, sondern natürliche Ursachen hat, die gefunden werden müssen, um sie heilen zu können. Er erkannte als Erster, dass Umwelt und Ernährung für die Gesundheit wichtig sind.

Denk nach mit Hippokrates

Was passiert, wenn du dich nicht an einen Eid hältst?
Und was ist, wenn ein Arzt sich nicht an seinen Eid hält?

DIE HÖHLE DER SCHATTEN

Platon

Du stehst am Fuß einer großen Eiche. Die Sonne ist so hell, dass sie dich blendet und du nur den Schatten der Eiche erkennst. Aber dir ist klar, dass dieser Schatten nicht die echte Eiche ist. Wusstest du, dass Platon über die Dinge und ihre Schatten eine berühmte Geschichte geschrieben hat?

Darin sind einige Menschen seit ihrer Kindheit in einer unterirdischen Höhle angekettet und müssen auf die Wand am anderen Ende schauen. Hinter ihnen brennt ein Feuer. Zwischen den Gefangenen und dem Feuer transportieren andere Menschen verschiedene Dinge, die von den Flammen angeleuchtet werden und Schatten auf die Höhlenwand werfen. Die Gefangenen denken, dass die Schatten echte Dinge sind. Eines Tages wird einer neugierig, befreit sich und verlässt die Höhle. Weil er so lange im Dunklen war, blendet ihn die Sonne, und so kann er die Dinge um sich herum nicht erkennen. Langsam gewöhnen sich seine Augen an das Licht, und zum ersten Mal sieht er die echten Dinge, von denen er nur die Schatten kannte. Dann sieht er sogar die Sonne. Glücklich über diese Entdeckung kehrt er in die Höhle zurück, um den anderen zu erzählen, wie es wirklich ist. Aber weil er dort durch das mangelnde Licht die Dinge nicht mehr gut unterscheiden kann, lachen ihn seine Kameraden aus.

Diese Geschichte zeigt uns den Unterschied zwischen dem, der beim Anschein der Dinge verharrt (nämlich bei den Schatten in der Höhle), und dem, der hinter den Anschein blickt und herausfinden will, wie sie wirklich sind (also im Licht der Sonne). Auch wenn man sich anstrengen muss, um die Wahrheit zu erkennen. Für Platon hat der Philosoph die Aufgabe, allen Menschen bei der Wahrheitssuche zu helfen, obwohl es manche gibt, die sich lieber mit den Schatten begnügen.

Platon (428-348 v. Chr.) war einer der wichtigsten Philosophen der Antike, zusammen mit Aristoteles (siehe Seite 52). Er sagte, dass Ideen die Urbilder sind, nach denen die Dinge gemacht werden. So ist die Idee eines Dreiecks das Modell, anhand dessen wir dreieckige Dinge erkennen.

Hinterfrage Platon

Suche drei Dinge, die scheinbar auf eine bestimmte Art gemacht sind, bei genauem Hinsehen aber ganz anders sind.

DER MANN IN DER TONNE

Diogenes von Sinope

Du kennst bestimmt Menschen, die reden und reden. Doch wenn es darum geht, etwas zu tun, bekommen sie nichts auf die Reihe. Vielleicht passiert dir das ja auch, wenn du beispielsweise sagst, dass man teilen muss. Aber dann willst du selbst nichts abgeben.

Diogenes hingegen tat das, was er sagte. Er war davon überzeugt, dass das Streben nach Macht und Reichtum, der Besitz von vielen Dingen und Bequemlichkeit, uns nicht erlauben, frei zu sein und glücklich zu leben. Er lief lieber mit einer Laterne durch die Gegend und suchte Menschen, die authentisch, also frei lebten.

Du fragst dich, wie man ohne Dinge leben kann? Versuch dir vorzustellen, du hättest keinen Fernseher, keine Bücher, kein Bett und nicht mal ein Dach über dem Kopf. Aber Diogenes hatte doch bestimmt ein Haus? Oh nein! Er lebte in einer Tonne. Und wo waren seine Sachen? Ganz einfach: Er besaß keine. Wenn man aus den Händen trinken kann, wozu braucht man dann eine Schüssel?

Es heißt, dass Alexander der Große ihn eines Tages höchstpersönlich aufsuchte. Der Herrscher wollte wissen, was Diogenes sich wünsche. Für alle anderen wäre das eine große Ehre gewesen. Aber Diogenes rief nur: »Geh mir ein bisschen aus der Sonne!« Denn der König hatte sich direkt vor ihn gestellt und warf einen Schatten auf ihn. Es war, als hätte Diogenes gesagt: »Geh da weg, du nervst!« Aber der Philosoph konnte sich das erlauben. Denn weil er nichts besaß, konnte er auch nichts verlieren. Wenn wir von einer Sache überzeugt sind, so glaubte Diogenes, müssen wir dafür einstehen – mit allem, was wir sind, mit all unseren Worten, vor allem aber mit unseren Taten. Das nennt man konsequent!

Diogenes von Sinope (412-323 v. Chr.) gilt – zusammen mit seinem Lehrer Antisthenes – als Begründer der kynischen Schule. »Kynisch« ist griechisch und bedeutet »ähnlich einem Hund«, und tatsächlich führte Diogenes ein einfaches Leben, ohne Vergnügungen und Bequemlichkeiten.

Mach's wie Diogenes

Gibt es etwas, auf das du verzichten kannst?
Probiere es für einen Tag aus und finde heraus, was das mit dir macht.

Aristoteles

Du bist ja schon ziemlich groß und weißt viel mehr als noch vor ein paar Jahren. Klar, es gibt noch jede Menge zu entdecken, also stellst du viele Fragen: »Was ist das?« Dabei zeigst du beispielsweise auf einen Van-Carrier oder ein Tens-Gerät, und deine Eltern erklären dir, wozu dieses Fahrzeug oder dieses Gerät benutzt werden.

Das Gleiche machst du mit einem kleineren Kind: Wenn es sich bei Tisch eine Gabel in die Haare schiebt oder damit auf den Teller haut, bringst du ihm bei, dass eine Gabel kein Kamm ist und auch kein Trommelstab. Du wendest damit das Nicht-Widerspruchsprinzip von Aristoteles an, wonach ein Gegenstand nur der eine ist und nicht ein anderer. Wenn die Aussage »alle Kuchengabeln sind Besteck« wahr ist, kann die Behauptung »manche Kuchengabel ist kein Besteck« also nicht stimmen. Eine Gabel kann nicht etwas anderes sein als Besteck. Sie ist weder Kamm noch Trommelstab. Da die erste Aussage stimmt, muss die zweite also falsch sein, und wenn die zweite wahr wäre, müsste die erste falsch sein.

Das Nicht-Widerspruchsprinzip besagt also, dass man die Dinge nicht verwechseln und nicht vermischen darf. Sonst würde unser Leben zu einem gefährlichen Chaos werden. Mit der Gabel könnte man den Teller zerbrechen oder das kleine Kind könnte sich stechen!

Für Aristoteles war es sehr wichtig, die Dinge zu definieren, ihnen also einen bestimmten Zweck zuzuordnen. Denn wenn es den nicht gäbe, könnte jeder von uns beispielsweise einen Topf anstelle eines Fahrradhelms aufsetzen oder versuchen, mit einem Laken zu fliegen, wie Superman mit seinem Umhang. Doch Dinge haben bestimmte Aufgaben, und die werden nie verwechselt, so wie wir Träume nicht mit dem realen Leben verwechseln.

Aristoteles (384-322 v. Chr.), Schüler von Platon, schuf eine ganze Enzyklopädie des Wissens. Die Philosophie war für ihn eine wissenschaftliche Aktivität, die eine Methode braucht, um zu sicheren Erkenntnissen zu kommen.

Hinterfrage Aristoteles

Was würde Aristoteles zu *Alice im Wunderland* sagen, wenn er sähe, dass sie mit einem Flamingo als Schläger Cricket spielt?

PLATES
GLASS
JEWEL CASE
POT

Epikur

Die folgende Geschichte mag dir vielleicht traurig vorkommen, aber sie hat ein Happyend. Ein Mädchen kletterte auf den Schoß ihres Papas, der in einem Sessel saß und las, und legte ihm den Kopf auf die Brust. Sie hörte seinen Herzschlag und begann ihn zu zählen: »Wie schlägt das Herz?«, fragte sie. Der Vater hob eine Hand, öffnete und schloss sie: »So«, sagte er.

Das Mädchen versuchte es mit ihrer Hand, und schon stellte sie die nächste Frage: »Aber wird das Herz nie müde?« – »Natürlich«, sagte er, »doch das passiert erst in sehr langer Zeit, nicht jetzt.« Besorgt fragte das Mädchen: »Und was passiert, wenn es müde wird?« – »Dann sterben wir«, erklärte der Vater, »aber davor braucht man keine Angst zu haben.«

Auch der Philosoph Epikur meinte, dass wir keine Angst vor dem Tod zu haben brauchen. Weil die Dinge, die uns Freude machen, Schmerz und Ängste von uns fernhalten. Deshalb können wir glücklich sein. Das ist allerdings manchmal schwierig, wenn wir uns eben doch vor dem Tod fürchten.

Aber überleg mal: Der Tod ist nie bei dir. Denn wenn du da bist, ist er es nicht. Und wenn der Tod da ist, bist du nicht mehr da. Stell dir vor, du bist mit deinem besten Freund auf dem Jahrmarkt. Die Karussells und dein Freund sind in genau demselben Moment am selben Ort wie du, aber der Tod ist nicht da. Wäre er dort, könntest du nicht Karussellfahren. Du und der Tod, ihr könnt nie am selben Ort zur selben Zeit sein. Wie kann er dir also Angst machen?, fragte Epikur.

Epikur (341-270 v. Chr.) war der Gründer des Epikureismus, einer philosophischen Richtung, nach der die Philosophie dazu dient, das Glück zu finden. Glück bedeutet hier »Seelenruhe«, also ein Leben ohne Ängste und Sorgen zu führen.

Mach's wie Epikur

Denk an etwas, das dir Angst macht, und finde dein persönliches Mittel, die Angst zu überwinden und glücklich zu sein.

Lucius Annäus Seneca

Wie viele Menschen kennst du? Gibt es in der Schule, beim Sport oder beim Theaterkurs jemanden, den du als »Freund« oder »Freundin« bezeichnest? Weißt du, warum du die Person so nennst? Vielleicht bringt sie dich zum Lachen oder sie leistet dir Gesellschaft, wenn du nicht allein sein willst. Oft denken wir, dass Freunde aus irgendeinem Grund »nützlich« sind: um uns nicht langweilen zu müssen, um Fußball zu spielen oder die Mathe-Hausaufgabe abschreiben zu können.

Seneca wäre damit nicht einverstanden gewesen. Er meinte, wenn wir nur mit jemandem befreundet sind, weil uns bei einer schwierigen Aufgabe geholfen wird, dann ist diese Freundschaft vorbei, sobald die Aufgabe erledigt ist. Freundschaft darf nicht als etwas Nützliches angesehen werden. Aber ist sie dann unnütz?

Überlege mal: Wenn du mit einer Person befreundet bist, weil sie dir »nützt«, benimmst du dich nicht wie ein echter Freund oder eine echte Freundin. Bist du jedoch mit jemandem zusammen, weil es dich glücklich macht, Zeit mit dieser Person zu verbringen, und du ihr vertraust, dann ist das echte Freundschaft.

Seneca sagte, dass man mit einem Freund alles machen kann. Doch als Erstes muss man herausfinden, ob er *wirklich* ein Freund ist. Ein Freund ist nämlich kein Regenschirm, der dich davor bewahrt, nass zu werden. Es ist jemand, mit dem du dich wohlfühlst, weil ihr euch gemeinsam vor unangenehmen und schwierigen Situationen bewahrt, auch bei Regen. Um befreundet zu sein, so meinte Seneca, braucht man Tugendhaftigkeit, also die Fähigkeit, etwas Richtiges und Gutes zu tun, ohne dafür eine Gegenleistung zu verlangen.

Lucius Annäus Seneca (4 v. Chr. - 65 n. Chr.) war ein römischer Philosoph und Politiker, der im öffentlichen Leben sehr aktiv war. Er bekleidete das Amt des Senators und war Berater von Kaiser Nero.

Denk nach mit Seneca

Überlege, wann du dich als Freund oder Freundin verhalten hast und wann du kein guter Freund, keine gute Freundin gewesen bist.

EINE STERNEN-DETEKTIVIN

Hypatia

Es gibt Krimis, in denen die Polizei in einem Fall ermittelt und einen Schuldigen findet, weil alle Indizien zu ihm führen. Doch dann taucht ein Detektiv auf, der die Dinge von einer anderen Seite betrachtet und selbst die beste Erklärung anzweifelt. Indem er den Weg der Polizei zurückverfolgt, findet er heraus, dass die Wahrheit eine ganz andere ist.

Hypatia war wie so eine Detektivin, nur dass sie bei den Sternen ermittelt hat. Zu ihrer Zeit glaubten die Menschen, dass die Erde fest im Zentrum des Universums stünde und die Sonne in einem Kreis - einem Bild für die Vollkommenheit - um sie herumwanderte.

Anfangs glaubte das auch Hypatia. Aber sie stellte diese Vermutung, die alle für wahr hielten, auf die Probe, denn sie zweifelte daran. Dabei entdeckte sie, dass die Sonne im Zentrum des Universums steht und dass die Erde in einer Ellipse um sie herumkreist, also auf einer eiförmigen Bahn, die mehr als einen Mittelpunkt hat.

Hypatia betrachtete den Himmel aus einer anderen Perspektive und sah ihn als Spiegelbild dessen an, was auf der Erde zwischen den Menschen passiert. Planeten und Sterne bewegen sich harmonisch, obwohl sie nicht um ein einziges Zentrum kreisen. Genauso können auch die Menschen ihren eigenen Weg finden, erkannte Hypatia, indem sie verschiedene Richtungen einschlagen. Es gibt keinen richtigen und perfekten Weg, sondern viele mögliche »Vollkommenheiten«.

Hypatia (355-415) war die erste Frau in der westlichen Welt, die sich mit Philosophie, Astronomie und Mathematik beschäftigte. Sie wurde von fanatischen Christen ermordet, die ihre Ideen für gefährlich hielten.

Mach's wie Hypatia

Betrachte den Himmel und male auf ein Blatt Papier dein eigenes Sternbild und gib jedem Stern einen Namen.

Augustinus von Hippo

Kennst du diese Augenblicke, die so schön sind, dass sie nie vergehen sollen und nicht mal die Zukunft sie vertreiben soll? Du möchtest einfach nur in der Gegenwart bleiben, und diese Momente sollen für immer andauern, bis in alle Ewigkeit. Und trotzdem gehen sie vorüber. Die Ewigkeit hingegen ist wie eine Gegenwart, die nicht aufhört und sich nie verändert. Das kann man sich nur schwer vorstellen. Augustinus von Hippo dachte das Gleiche: Er glaubte, dass die Ewigkeit nur Gott gehört, während wir in der Zeit leben und demnach nur diese verstehen können. Was das bedeutet, ist nicht einfach zu erklären. Vielleicht so: Wenn ihr in der Schule Geschichte habt oder Verben durchnehmt, lernst du, dass die Zeit aus Vergangenheit, Gegenwart und Zukunft besteht. Aber Augustinus war davon nicht überzeugt. Die Vergangenheit, sagte er, existiert nicht, weil sie nicht mehr da ist. Die Zukunft existiert ebenfalls nicht, weil sie noch nicht geschehen ist. Also ist die Zeit nur die Gegenwart? Wohl kaum! Denn das schafft nur noch größere Probleme. Nimm diesen Moment: Dass du die Überschrift dieses Kapitels gelesen hast, ist bereits Vergangenheit, dass du die letzte Zeile auf dieser Seite lesen wirst, ist noch Zukunft. Und die Gegenwart? Lies dieses W O R T ... *Puff!* Schon ist sie vorbei.

Wie kann das sein? Die Gegenwart ist nur ein schnelles Vorbeiziehen. Und jetzt? Müssen wir also annehmen, dass die Zeit gar nicht existiert? Unmöglich! Genau wie du wusste Augustinus, dass es die Zeit gibt, und schließlich fand er sie: in sich selbst, in seinem Inneren. Dort waren Vergangenheit, Gegenwart und Zukunft. Wenn du jetzt in dich hineinhorchst, entsteht durch deine Erinnerung die Vergangenheit. Die Zukunft erschaffst du, indem du an morgen denkst. Und die Gegenwart existiert, während du jetzt lebst. Die Zeit ist also keine Sache, sondern eine innere Einstellung.

Augustinus von Hippo (354-430) war Philosoph, Theologe und Bischof in der Stadt Hippo im heutigen Algerien. Seine Überlegungen zum Konzept der Zeit, der Seele, der Welt und Gott schrieb er in seinem Hauptwerk Bekenntnisse *auf.*

Hinterfrage Augustinus

Versuche dir die Ewigkeit vorzustellen. Kannst du sie zeichnen?

DER DRACHE, ICH UND GOTT

Avicenna

Hast du jemals daran gedacht, dass du nicht existieren könntest? Das mag eine erschreckende Vorstellung sein, aber tatsächlich würde es deine Familie auch ohne dich geben. Und wenn es deine Familie nicht gäbe, wäre euer Haus trotzdem da. Und ohne euer Haus wäre eure Stadt immer noch eure Stadt. Und wenn nicht mal eure Stadt existierte, wäre die Welt dann dieselbe?

Diese Überlegungen können einem echt Kopfschmerzen bereiten. Denn wenn du darüber nachdenkst, merkst du vermutlich, dass nichts unentbehrlich ist, obwohl alles wichtig zu sein scheint.

Avicenna sagte, dass wir drei Arten von Dingen denken können: unmögliche, mögliche und notwendige. Unmögliche Dinge können nicht existieren, beispielsweise Drachen: Auch wenn du dich anstrengst und sie dir in der Wirklichkeit vorstellst, gibt es sie nicht ... nirgendwo! Mögliche Dinge können existieren oder auch nicht, so wie du oder deine Stadt: Ihr seid da, aber die Welt könnte eigentlich auch ohne euch bestehen. Notwendige Dinge hingegen müssen auf jeden Fall existieren. Und es muss etwas Notwendiges geben, denn sonst könnte ja alles verschwinden. Für Avicenna ist Gott das einzig notwendige Wesen, und von ihm kommen alle möglichen Dinge. Wenn wir dieser Überlegung folgen, könntest du - nur für dich genommen - auch nicht geboren worden sein. Aber da du für Avicenna von Gott kommst, der notwendig ist, existierst auch du notwendigerweise. Dieser Gedanke würde erklären, warum deine Existenz dir so wichtig vorkommt, denn du fühlst dich für deine Familie, deine Stadt und die ganze Welt unentbehrlich.

Avicenna (980-1037) war ein bedeutender persischer Philosoph, Arzt und Wissenschaftler in der mittelalterlichen islamischen Welt. Mit seinen Medizinstudien und seiner Betrachtung des Universums beeinflusste er auch die westliche Kultur.

Denk nach mit Avicenna

Fühlst du dich unentbehrlich? Warum?

Anselm von Canterbury

Was ist der Unterschied zwischen einem Pferd und einem Einhorn? Ganz einfach! Das Horn, das eines der beiden auf der Stirn trägt. Stimmt, aber da ist noch ein größerer Unterschied: Das Einhorn gibt es nur in deiner Vorstellung, während das Pferd wirklich existiert. Daher können wir sagen, dass das Pferd in einem gewissen Sinn »größer« ist als das Einhorn, denn es besitzt einen »höheren« Grad an Wirklichkeit.

Anselm von Canterbury kümmerte sich überhaupt nicht um Tiere, weder um reale noch um eingebildete, denn er war Theologe und kümmerte sich um Gott. Aber er benutzte solche Überlegungen, um zu beweisen, dass es Gott wirklich gibt. Obwohl er sicher war, dass es Gott gibt, versuchte er, dessen Existenz mit Argumenten zu beweisen.

Also überlegte er: Wenn wir das Wort »Gott« hören, denken wir sicher an etwas Großes, an »das Größte, das es gibt«. Einverstanden? Wenn aber Gott nur in unseren Gedanken existiert, dann wäre er nicht »das Größte, das es gibt«. Denn alle Dinge, die es in der Wirklichkeit gibt, würden ihn übertreffen ... und selbst ein Pferd wäre größer als Gott! Also, wenn Gott »das Wesen ist, über dem nichts Größeres gedacht werden kann«[9], muss er um jeden Preis auch in der Wirklichkeit existieren. Wir wissen nicht, ob Anselm recht hat oder nicht, aber er war ziemlich gut darin, gültige Beweise zu suchen. Manchmal, wenn wir uns nach dem Warum für etwas fragen, antworten wir nur: »Darum!« Wir könnten es aber auch wie Anselm machen: Oft ist es wichtiger, einen Grund angeben zu können, als recht zu haben.

Anselm von Canterbury (1033-1109) war Theologe, Philosoph und unermüdlicher Gelehrter. Er wurde Erzbischof von Canterbury und war einer der größten Denker des Mittelalters.

Mach's wie Anselm

Gibt es etwas, woran du fest glaubst? Suche mindestens zwei Gründe, weshalb das, was du glaubst, wahr ist.

Thomas von Aquin

»2+2=4« ist eine mathematische Wahrheit. Das erkennst du, wenn du deinen Verstand benutzt oder dir notfalls mit zwei Stiften hilfst, zu denen du noch zwei hinzufügst. Du kannst sagen: »Ich weiß, dass 2+2=4 ist.« Du bist dir sicher. Aber kannst du sagen, »ich weiß, dass Gott existiert«? Du kannst nachdenken, so viel du willst, und alle Stifte der Welt zu Hilfe nehmen, aber du wirst nichts finden, das Gott darstellt. Denn er ist unsichtbar. Während 2+2=4 eine Wahrheit des Wissens ist, ist »Gott existiert« eine Glaubenswahrheit. Man muss sie *glauben*.

Im Mittelalter wollte der Philosoph Thomas von Aquin die Existenz Gottes mit dem Verstand beweisen. Eine seiner Überlegungen war: Wenn wir sehen, dass ein Körper sich bewegt, denken wir, dass etwas ihn angeschubst hat. Aber dieses Etwas muss wiederum von etwas anderem angestoßen worden sein, um sich selbst zu bewegen, und immer so weiter. Es muss am Ende also jemanden geben, der den ersten Stoß versetzt hat, ohne selbst von jemandem gestoßen worden zu sein. Dieser jemand ist für Thomas »das, was alle Gott nennen«[10].

Thomas‘ Überlegung ist total logisch, aber man könnte sich nun fragen: »Und wer hat dir gesagt, dass dieser ›unbewegte Beweger‹ Gott ist? Gibt es nur einen? Und ist er gut und barmherzig?« Für Thomas endet die Fähigkeit des Verstandes hier: Mit ihm kann er beweisen, dass Gott existiert, aber nicht, wie er gemacht ist oder wie er sich verhält. Aber wo der Verstand nicht hinkommt, dahin kommt der Glaube. Glauben ist jedoch nicht wissen. Und glauben ist eine Frage des Willens und nicht des Verstandes.

Thomas von Aquin (1225-1274) war nicht nur ein italienischer Dominikanermönch, sondern auch ein großer Gelehrter, der versuchte, die klassische Philosophie mit der Kirchenlehre und den Verstand mit dem Glauben zu versöhnen.

Denk nach mit Thomas

Wir können an viele Dinge glauben, die wir nicht sehen: An was glaubst du?

EIN SCHNITT MIT DEM RASIERMESSER

Wilhelm von Ockham

Wie oft zerbrichst du dir das Hirn, um ein Problem zu lösen, oder grübelst unentwegt, warum etwas passiert ist!

Dann könntest du Hilfe bei Wilhelm von Ockham suchen, der ein großer Anhänger der Vereinfachung war. Er meinte, dass wir die Dinge nicht verkomplizieren sollten, weil die einfachste Lösung oft auch die richtige ist und sich direkt vor unserer Nase befindet. Wenn wir vernünftige Hinweise haben, die für eine Erklärung ausreichen, warum sollten wir nach weiteren suchen? Aber Wilhelm von Ockham sagte auch, dass wir unser Hirn gern zermartern, selbst wenn es nichts nützt und uns nicht weiterbringt: höchste Zeit, um mit einem unsichtbaren Rasiermesser – *Zack!* – alle unnützen Erklärungen abzuschneiden.

Nehmen wir an, du bist einen Abend allein zu Haus, und plötzlich fliegt die Tür zu: Du hörst den Knall, erstarrst vor Angst und bist dir sicher, dass es ein Gespenst war. Aber wenn du ein Gespenst ins Spiel bringst, hast du schon zwei Probleme: Erstens kannst du nie sicher sein, dass das Gespenst wirklich der Grund für das Geräusch war, und zweitens musst du jetzt auch noch darüber nachdenken, wie du die Existenz von Gespenstern erklärst!

Ockham würde dir raten, nur auf die Hinweise zu achten, die du hast: Wenn du ans Fenster trittst, könntest du beispielsweise feststellen, dass es draußen ziemlich windig ist. Ockham befasste sich mit Problemen, die das Wissen betreffen, aber sein Rasiermesser kann sich auch im Alltag als nützlich erweisen. Stell dir vor, du entdeckst einen Freund im Schwimmbad und er grüßt dich nicht. Bevor du denkst, er ist sauer auf dich oder hat das Gedächtnis verloren, überlege lieber, ob er dich vielleicht nur nicht gesehen hat.

Wilhelm von Ockham (1288-1347) war ein englischer Theologe und Philosoph. Er war überzeugt, dass Kirche und Politik sich nicht in die Angelegenheiten des jeweils anderen einmischen sollten, denn Glaubenswahrheiten kann man nicht mit dem Verstand erklären.

Mach's wie Ockham

Denk an ein Problem, das du hast, und schneide mit Ockhams gedachtem Rasiermesser die unnützen Überlegungen weg, die das Ganze kompliziert machen. Liegt die Lösung jetzt näher?

Erasmus von Rotterdam

Kennst du das? Du hopst wie verrückt auf deinem Bett herum und brüllst Sätze, die gar keinen Sinn ergeben. Oder du rennst durch die Wohnung mit einer Hose auf dem Kopf, und alle sehen dich fragend an. In diesen »verrückten« Momenten fühlst du dich frei, oder?

Dabei sagen alle immer, dass Verrücktheit eine Krankheit ist, dass Narren unvernünftige Dinge sagen und tun. Als würde »vernünftig sein« bedeuten, das zu akzeptieren, was alle glauben, nur weil irgendein Bestimmer es so festgelegt hat. Und wenn es stattdessen schlau sein könnte, die Maske des Verrückten zu tragen? Davon war Erasmus überzeugt und schrieb eine Lobeshymne darauf. Die Verrücktheit lässt uns die Welt von einer anderen Seite und nicht so geordnet sehen, wie es der Verstand gern hätte. Und wenn wir etwas verrückt sind, sind wir auch ganz bei uns selbst und haben keine Angst, etwas Merkwürdiges zu tun oder zu sagen.

Sobald der Verstand glaubt, dass es nur eine Wirklichkeit gibt, macht er Fehler. Die Verrücktheit bekämpft diese Fehler mit zwei Waffen: mit der Maske und dem Spiegel. Mit der Maske enttarnt der Verrückte die Wirklichkeit, indem er das sagt, was man »normalerweise« nicht ausspricht. Mit dem Spiegel führt er allen, die sich darin sehen, ihr eigenes Verhalten und ihre Überzeugungen von einem anderen Standpunkt aus vor Augen. Weißt du, was für Erasmus das Schöne an der Verrücktheit war? Wenn in einer geordneten Welt etwas verurteilt wird, kann es in einer verrückten Welt richtig sein!

Erasmus von Rotterdam (1466-1536) bereiste ganz Europa und versuchte, seinen Traum von einer Menschheit zu verbreiten, die durch allgemeine kulturelle Wurzeln verbunden ist. Er dachte, dass es für alle Taten, auch die verrücktesten, immer einen Grund gibt.

Hinterfrage Erasmus

Setz dir eine Maske auf und lass deine Verrücktheit heraus.
Konntest du das andere Gesicht der Dinge sehen?

DIE INSEL UTOPIA

Thomas Morus

An dem Ort, an dem du lebst, gibt es viele schöne Dinge. Aber eben auch viele nicht so schöne. Denn nicht alle Menschen respektieren die Regeln des Zusammenlebens. In der Epoche von Thomas Morus lief es nicht viel anders. Er erlebte, wie immer mehr Verbrechen geschahen. Trotzdem war er überzeugt, dass die reine Bestrafung der Täter das Problem nicht lösen würde.

Daher stellte er sich eine Insel vor, auf der niemand über Mein und Dein streitet und niemand stiehlt, weil es kein Privateigentum gibt. An diesem Ort haben alle eine Arbeit, und so müssen alle weniger arbeiten und haben deshalb mehr Freizeit. Es gibt keine künstlichen Bedürfnisse wie Geld. Niemandem fehlt etwas, und niemand hat mehr, als er braucht. Alle können ihre Religion frei wählen und drängen sie niemandem auf. Es gibt keinen Neid. Alle sind gleich und leben glücklich mit dem, was sie haben. Sie arbeiten zusammen für das Gemeinwohl, das über allem steht. Um dieses im Notfall zu schützen, verzichten sie auf einige ihrer Wünsche. Diese Insel nannte Morus Utopia, das bedeutet »Nicht-Ort«. Aber könnte es sie dann jemals geben?

Ein Ort, der Utopia ähnelt, kann dort existieren, wo Gerechtigkeit für alle herrscht. Die Gerechtigkeit darf jedoch nicht von einzelnen Menschen ausgeübt werden, weil sie sich sonst in Rache verwandeln könnte. Sie muss dem Staat anvertraut werden, der als einzige Institution unparteiisch entscheiden kann. Für Morus ist Utopia wie der Horizont, die Linie, die den Himmel von der Erde trennt. Mit jedem Schritt, den wir auf ihn zu machen, scheint er sich weiter zu entfernen – ohne dass wir ihn jemals aus dem Blick verlieren.

Thomas Morus (1478-1535) war ein englischer Humanist und Schriftsteller. Heinrich VIII., der protestantische König von England, forderte von ihm, dem Papst nicht mehr zu folgen, aber der Katholik Morus weigerte sich und wurde zum Tode verurteilt.

Mach's wie Morus

Wie sähe dein Utopia aus? Stell dir deine ideale Welt vor und beschreibe sie.

AUF DER SCHAUKEL

Michel de Montaigne

Bist du schon mal auf einem Pferd geritten? Das ist ein merkwürdiges und gleichzeitig schönes Gefühl. Denn auch wenn du nicht selbst läufst, musst du das Gleichgewicht halten, um nicht herunterzufallen. Jedes Mal, wenn Montaigne auf einem Pferd saß, kamen ihm unzählige Ideen. Er dachte, dass wir alle uns ständig verändern, dass wir immer anders sind als noch vor einem Moment. Dann fragte er sich: »Was weiß ich?« Mit dieser Frage versuchte er zu verstehen, was man tun *kann* und was man tun *muss*. So kann man herausfinden, dass eine Sache nicht unbedingt falsch ist, nur weil sie anders ist, als wir sie kennen. Denn es gibt ja verschiedene Sichtweisen.

Dadurch wird es aber schwieriger, etwas wirklich zu wissen und herauszufinden, wer wir sind. Du fragst dich vielleicht: »Wenn ich heute anders bin als gestern, woher weiß ich dann, dass ich immer noch ich bin?« Es sind all deine Taten und all deine Gedanken, die dir sagen, dass du immer noch du bist!

Für Montaigne kann sich alles in nur einem Augenblick ändern, auch die Welt um uns herum. Absurd, oder? Aber denk mal daran, wenn du schaukelst: Was siehst du dabei? Ein Stück vom Himmel, dann ein Stück Erde. Dann wieder hoch und ... ach! Die Wolke war eben noch nicht da. Und wieder runter und ... he, ein Tausendfüßler! Wo kommt der denn her? Das ist alles so kompliziert! Aber vielleicht hat das auch einen Sinn. Dieser Sinn dauert bis zum Tag unseres Todes, der für Montaigne ein grundlegendes Element des Lebens ist. Er schreibt: »Du stirbst nicht, weil du krank bist, du stirbst, weil du lebst!«[11]

Michel de Montaigne (1533-1592) war ein skeptischer Philosoph aus Frankreich. Denn er hielt es für wichtig, die eigene Meinung anzuzweifeln und für verschiedene Sichtweisen offen zu sein, anstatt starre Überzeugungen zu haben.

Denk nach mit Montaigne

Überlege, was heute an dir anders ist als vor einem Jahr.

Giordano Bruno

Was für eine Beziehung hast du zur Natur? Wenn du auf dem Land lebst, begegnet sie dir jeden Tag. Aber wenn du in einer Großstadt wohnst, hast du vielleicht kaum je einen Hahn gesehen. Dabei ist die Natur auch dort, in Form der Fliege in der Küche oder im Gewimmel der Menschen auf der Straße.

Giordano Bruno liebte die gesamte Natur. Für ihn bedeutete das, Gott zu lieben, denn dort können wir ihn finden. Die Natur war für Bruno Materie und gleichzeitig Geist der Welt, die sich ständig verändert und doch immer dieselbe bleibt: einzigartig, unendlich und göttlich.

Bruno dachte anders als die herrschende Meinung seiner Zeit. In Europa setzte die Kirche den Menschen an die Spitze der Schöpfung, so wie es im Buch *Genesis* in der Bibel steht. Er aber beharrte darauf, dass die Tiere auf derselben Stufe stehen, denn auch sie kommen von Gott. Die Europäer betrachteten die Ureinwohner in Amerika als Wilde. Aber Bruno erklärte, dass die Menschen aus derselben göttlichen Materie bestehen und daher alle gleich sind, unabhängig von ihrer Hautfarbe und Religion. Und während die Wissenschaftler seiner Epoche meinten, dass die Sonne das Zentrum des Universums wäre, bestand er darauf, dass es unzählige Universen gäbe und nicht nur eins.

Für Bruno ist die Sonne nicht wichtiger als ein Meteor, die weißen Menschen stehen nicht über den farbigen, ein Christ ist nicht besser als ein Muslim, und nicht mal der Löwe ist edler als ein Wurm, sondern alles, was existiert, ist göttlich, hat dieselbe Würde, ein Wurm zählt so viel wie die Sonne. Stell dir vor, wie anders die Welt wäre, wenn alle so dächten!

Giordano Bruno (1548-1600) war ein rastloser italienischer Philosoph. Wegen seiner unangepassten Gedanken hielt die Kirche ihn für einen Ketzer und verbrannte ihn auf dem Scheiterhaufen.

Hinterfrage Bruno

Hältst du dich für besser oder schlechter als die anderen? Und wenn du dich, statt besser oder schlechter, einfach nur für anders halten würdest, was würde sich ändern?

WEG MIT DEN IDOLEN

Francis Bacon

Wenn du dieses Buch in Händen hältst, liest du vermutlich gern. Das soll ja eine gute Angewohnheit sein, weil man so viele Dinge lernt.

Bacon war ein großer Befürworter des Lernens: »Wissen ist Macht!«[12], sagte er. Nur wer die Welt wirklich kennt, kann sie beherrschen. Aber um zu lernen, reicht lesen allein nicht aus: Man muss auch Erfahrungen sammeln und vor allem den Dingen auf den Grund gehen. Die gute Nachricht ist, dass wir alle fürs Lernen gemacht sind. Die schlechte, dass unsere Vorurteile uns davon abhalten. Bacon nennt sie »Idole«.

Wenn sich beim Sport drei Kinder aus einem bestimmten Stadtteil unfair verhalten, denkst du, dass in jenem Stadtteil alle so sind. Wenn zu Hause im Streit geschlagen wird, denkst du vielleicht, dass Gewalt richtig ist. Wenn es heißt, dass eine Waffe persönliche Sicherheit bietet, glaubst du möglicherweise, dass auch du eine besitzen musst. Du glaubst also, viel zu wissen. Aber weißt du was? Du weißt gar nichts, denn du hast noch nicht mal eine deiner Fähigkeiten eingesetzt!

Um nicht unwissend zu bleiben, solltest du als Erstes all deine Vorurteile erkennen und diese ablegen. Erst dann kannst du die Menschen jenes Stadtteils wirklich kennenlernen und beurteilen, ob Gewalt richtig oder falsch ist oder ob Waffen eine Lösung sind oder nicht.

Denn »Wissen ist Macht« bedeutet, dass du viel tun kannst, wenn du viel weißt. Du kannst sogar die Natur beherrschen, aber du musst ihr auch gehorchen. Das geht nur mit Wissen. Um echtes Wissen zu sammeln, solltest du also die Welt ohne deine Vorurteilsbrille betrachten.

Francis Bacon (1561-1626) nahm im politischen Leben Englands viele wichtige Rollen ein. Als Verteidiger der wissenschaftlichen Revolution wollte er neues Wissen aufgrund von Erfahrung schaffen, damit der Mensch endlich die Natur würde beherrschen können.

Mach's wie Bacon

Welche Dinge weißt du wirklich? Geh auf die Jagd nach deinen Vorurteilen, deinen Idolen, und benenne mindestens eines.

FORI!

DIE NATUR UND DIE MATHEMATIK

Galileo Galilei

Du weißt, dass der Mensch bereits vor Jahrzehnten auf dem Mond war, und während du dieses Buch liest, planen die Wissenschaftler längst eine Reise zum Mars. Das, was vor Jahren undenkbar erschien, ist heute auch dank Galileo Galilei Wirklichkeit. Einst dachte man, dass die Natur von guten oder bösen Zaubermächten beherrscht würde. Galileo entdeckte, dass die Natur eher einem Buch gleicht, das in der Sprache der Mathematik geschrieben ist. Mathe ist die einzige Sprache, die die Natur erklären kann.

Doch dafür müssen wir die Natur zuerst beobachten, berühren, riechen, hören, schmecken. Was wäre, wenn wir keine Sinne hätten? Galileo versuchte, sich einen Menschen ohne Augen, Ohren, Nase, Mund und sogar ohne Haut vorzustellen: Könnte so jemand noch Erfahrungen in der Natur machen? Offensichtlich nicht. Aber die Welt würde trotzdem weiter nach ihren Gesetzen bestehen, und die Sonne würde auf- und untergehen. Doch wir wüssten nicht, warum. Unsere Sinne dienen also dazu, Hinweise zu sammeln und Vermutungen anzustellen. Nur genügt das allein nicht: Wir müssen auch Experimente machen, um zu prüfen, ob unsere Vermutungen wahr sind. Erst dann werden sie zu wissenschaftlichen Gesetzen.

Mit dem Fernrohr suchte Galileo den Himmel ab. Er sammelte Hinweise und überprüfte seine Vermutungen. So entdeckte er die Krater auf dem Mond und sogar die Bewegung der Erde. Du wirst nun verstehen, wie sehr unsere Sinne beim Entziffern des großen Buches Natur helfen. Aber warum gibt es in der Bibel Hinweise auf die Planeten und ihre Gesetze, die der Wissenschaft widersprechen? Tja, die Bibel ist nicht in der Sprache der Natur geschrieben, sondern erzählt von göttlichen Dingen. Für Galileo hat Gott uns das Geschenk der Sinne gemacht, damit wir mit ihnen die irdische Welt erforschen: Das hat er sein Leben lang versucht.

Galileo Galilei (1564-1642) war ein italienischer Philosoph, Astronom und Mathematiker. Wegen seiner Arbeiten, wie die Verbesserung des Fernrohrs und die Einführung einer wissenschaftlich-experimentellen Methode, gilt er als der Begründer der modernen Wissenschaft.

Denk nach mit Galileo

Beobachte die Natur und versuche, sie mit mathematischen Begriffen zu beschreiben.

Thomas Hobbes

Wir hören ständig, dass Egoismus etwas Schlechtes ist: Hobbes hingegen sagte, dass Egoismus ganz normal und natürlich ist. Er gehört von Geburt an zu uns. Die Urmenschen jedenfalls dachten nicht, dass er falsch wäre. Aber warum hat sich das geändert?

Hobbes erzählte, dass sich zu jener Zeit jeder Mensch das nahm, was er wollte. Wenn zwei dasselbe wollten, kämpften sie wie Wölfe darum. Der Stärkere gewann, aber er hatte ständig Angst, dass ein anderer ihn töten würde, um es ihm wieder wegzunehmen. Da auch die Angst vor dem Tod etwas Natürliches ist, verzichtete der Mensch lieber auf den Egoismus, also darauf, alles um jeden Preis haben zu wollen. Nur so konnte er ruhig schlafen. Die Menschen schlossen sozusagen einen Pakt miteinander, aber nicht aus Nächstenliebe, sondern für die eigene Sicherheit und für ein ruhiges Zusammenleben. Aus diesem Abkommen ist der Staat entstanden, dem jeder Mensch einen Teil seiner Freiheit schenkt. Der Staat übt durch Gesetze, denen alle gehorchen müssen, seine Macht über die Bürger aus.

Hobbes stellte sich diesen Staat wie einen Leviathan vor, also wie ein riesiges Seeungeheuer mit unbeherrschbaren Kräften. Seine Macht ist die höchste, seine Gesetze sind unanfechtbar. Gerecht ist das, was der Staat befiehlt. Die Menschen müssen in so einem Staat nicht mehr über das richtige Tun und den richtigen Glauben nachdenken, sie müssen nur gehorchen. Auf diese Weise ist das Leben bestimmt sicher. Aber ist ein sicheres Leben, deiner Meinung nach, mehr wert als die Freiheit?

Thomas Hobbes (1588-1679), englischer Philosoph und Mathematiker, behauptete, dass man alle Naturphänomene mit dem menschlichen Verstand berechnen und beherrschen kann. Er war der Theoretiker des Absolutismus, beschrieb also einen starken Staat mit absoluter Macht.

Mach's wie Hobbes

Was wünschst du dir am meisten auf der Welt? Auf was würdest du nie im Leben verzichten, um das zu bekommen?

ICH DENKE, ALSO BIN ICH

René Descartes

Kennst du das? Du stehst unter der Dusche und das Wasser kommt dir ganz kalt vor. Doch dann stellst du fest, dass das Wasser gar nicht kalt ist, aber dass du es so empfindest, weil du Fieber hast.

Oder dass du eine Person mit jemand anderem verwechselst, weil du nicht genau sehen kannst?

Deine Sinne können dich also täuschen. Das stellte auch René Descartes fest und nahm sich etwas Großes vor: Er wollte zu einem hundertprozentig richtigen Wissen gelangen. Dafür musste er allerdings die unsicheren Vorstellungen ausschließen, die durch die Sinne entstehen, und nur die berücksichtigen, die wir nicht anzweifeln können.

Die erste Idee dieser Art hatte er, als er mehr oder weniger Folgendes überlegte: »Wenn ich alles anzweifle, weil ich ausschließlich sichere Informationen will, dann gibt es nur eines, das ich nicht anzweifeln kann: die Tatsache, dass ich zweifle. Aber wenn ich zweifle, bedeutet das, dass ich denke. Wenn ich denke, heißt das, dass ich als denkendes Wesen existiere!« Descartes stellte also fest, dass er eine klare Vorstellung von sich selbst hatte. Allerdings von sich selbst als Geist, also als denkendem Wesen, das fürs Lernen keine körperlichen Empfindungen braucht.

Auf dieser Erkenntnis begründete Descartes die moderne Wissenschaft, die uns sichere Informationen liefert, unabhängig von den Sinneseindrücken, die von Mensch zu Mensch anders sein können: Die Chemie beispielsweise stellt Wasser als H_2O dar, also zwei Wasserstoffmoleküle und ein Sauerstoffmolekül. Das ist eine eindeutige und allgemeingültige Definition, denn sie hängt nicht von einem Körper ab, der das Wasser für dich kalt und für mich warm erscheinen lassen könnte.

René Descartes (1596-1650) gilt als der Begründer der modernen Wissenschaft und Philosophie. Er hat versucht, der philosophischen und wissenschaftlichen Forschung eine neue Methode nach dem Vorbild der Mathematik zu geben.

Hinterfrage Descartes

Für Descartes existierst du nur als denkendes Wesen. Kannst du sicher sein, auch als Körper zu existieren? Erkläre Descartes, warum.

ARISTOTELE

DENKENDES SCHILF

Blaise Pascal

Wir alle machen täglich sehr viele Dinge: aufwachen, Schule, Mittagessen, Hausaufgaben oder Arbeit, fernsehen, Sport, Tanzen, manchmal essen wir im Restaurant oder gehen ins Kino, lesen ein paar Seiten in einem Buch, und dann schlafen wir wieder, weil morgen ein neuer Tag auf uns wartet.

Warum stopfen wir Menschen unser Leben so voll? Diese und andere Fragen quälten Pascal: »Was ist der Sinn meiner Existenz? Was mache ich an diesem Ort in diesem Moment?« Für Pascal ist der Mensch grandios, weil er außergewöhnliche Entdeckungen und Erfindungen gemacht hat. Der Mensch ist zudem das einzige Wesen, das tiefgreifende Probleme lösen kann. Eine Katze fragt bestimmt nicht nach dem Sinn ihres Daseins auf Erden. Und trotzdem ist der Mensch auch ziemlich schwach, weil er wegen dieser Fragen leidet und sie nur schwer ertragen kann. Was also tut der Mensch? »Er hat Spaß«, sagte Pascal. Weil der Mensch Angst vor den Antworten hat, lenkt er sich mit unzähligen Beschäftigungen ab. Wenn wir auf dem Sofa sitzen und nichts tun, wird uns langweilig. Irgendwann wird das so unerträglich, dass wir uns ablenken müssen. Das passiert, weil wir uns in unserer Langeweile sonst fragen, wer wir sind und was wir auf der Welt machen. Dann merken wir, dass unser Leben im Verhältnis zur Ewigkeit des Universums extrem kurz und unser Körper im Vergleich zur Unendlichkeit des Weltalls winzig ist. Wir sind also gar nicht so etwas Besonderes. Dann erkennen wir, wie zerbrechlich wir sind – wie Schilf im Wind.

Aber für Pascal ist der Mensch ein denkendes Schilfrohr, und das ist wiederum seine Stärke. Also müssen wir uns den schwierigen Fragen stellen. Denn wenn wir so tun, als gingen sie uns nichts an, tun wir auch nur so, als wären wir glücklich, anstatt es wirklich zu sein.

Blaise Pascal (1623-1662) war ein französischer Philosoph und Theologe, aber auch Physiker und Mathematiker. Er hat die Mechanik, Flüssigkeiten, den Luftdruck und das Vakuum erforscht.

Mach's wie Pascal

Leg dich aufs Sofa, schau an die Zimmerdecke und lass deinen Gedanken freien Lauf. Konntest du länger als eine halbe Stunde so liegen? Was hast du gedacht?

John Locke

Wenn du dich im Spiegel betrachtest, bist du sicher, dich selbst zu sehen. Würdest du dich als Hulk verkleiden, sähest du im Spiegel wie ein grünes Monster aus und wärst doch immer noch du. Was ist es also, das dich zu der Person macht, die du bist? Nach Locke kann es nicht dein Körper sein, denn dein Körper verändert sich ja ständig: Überleg mal, wie anders du mit drei Jahren ausgesehen hast, oder wie du mit einer neuen Nase aussehen würdest!

Für Locke liegt deine Identität in deinem Bewusstsein, das keine »Sache« ist wie der Körper, den man berühren kann. Das Bewusstsein ist deine Fähigkeit zu erkennen, dass du immer der- oder dieselbe bist, obwohl die Zeit vergeht.

Das, was dich »ich bin ich« sagen lässt, ist nicht nur die Tatsache, dass du erkennst, dass du gerade liest. Du sagst »ich bin ich«, weil du fühlst, dass dein Ich, das jetzt liest, dasselbe ist, das sich an Weihnachten ein Bein gebrochen hat. Es ist dasselbe, das vor zwei Jahren mit Fußball angefangen hat oder das überlegt, wo es die Sommerferien verbringen möchte. Allerdings haben wir nie unser ganzes Leben im Kopf. Denn bei manchen Dingen warst du zerstreut und hast sie vergessen. Es ist tatsächlich so, als hätte das Bewusstsein, also deine Identität, Löcher. Darum musst du – nach Locke – es immer wieder auffrischen und dich unablässig zwingen, dich an frühere Empfindungen und Überlegungen zu erinnern. Wenn du das nicht tust, löscht die Zeit sie aus und nimmt ein Stück von dir mit.

John Locke (1632-1704) war ein englischer Philosoph und Arzt. Er behauptete, dass wir nur über die Erfahrung zu Wissen gelangen. Er vertraute sehr auf die Toleranz und das friedliche Zusammenleben der Menschen.

Denk nach mit Locke

Eines Nachts klaut ein Schlafwandler etwas aus deiner Schublade. Beim Aufwachen kommt er zu Bewusstsein. Ist er nun ein anderer Mensch? Oder ist er derselbe? Ist seine wache Identität dieselbe wie die beim Schlafwandeln?

Baruch Spinoza

Wann warst du das letzte Mal traurig? Spinoza würde sagen, als du dich nicht »angestrengt« hast, glücklich zu sein und in deinem Naturzustand der Freude zu bleiben. Die Traurigkeit ist für Spinoza nichts anderes als eine Verringerung der Freude.

Du möchtest zum Beispiel mit deinen Freunden ans Meer fahren. Du fühlst dich stark, oder? In Gedanken stellst du dir vor, wie es sein wird, und dabei fühlst du dich durch und durch lebendig. Du bist also voller Freude.

Aber dann kommt etwas dazwischen: Ein Gewitter bricht los, und der Ausflug fällt ins Wasser. Auf einmal fühlst du dich nicht mehr stark. Du versuchst, dieses Gefühl mit deinen Gedanken wegzuschieben, aber es gelingt dir nicht, weil du enttäuscht bist. Also gibst du auf. Wenn du nicht ans Meer kannst, interessiert dich gar nichts mehr: Die Traurigkeit hat gewonnen.

Spinoza meinte, wir sollten unsere Gefühle kennen, weil sie Teil unserer Natur sind. Es wäre töricht zu denken, dass die Traurigkeit von außen kommt. Um sie zu besiegen, müssen wir verstehen, wodurch sie ausgelöst wurde. Genau das müssen wir bei allen anderen Gefühlen auch herausfinden. Wenn du verstehst, dass der Grund, warum du nicht ans Meer konntest, nicht von deinem Willen abhängt, dann versinkst du nicht in Trauer, sondern nimmst die unabänderlichen Umstände an und freust dich über die Erkenntnis.

Der niederländische Philosoph Baruch Spinoza (1632-1677) dachte, dass die ganze Natur, einschließlich der Menschen, notwendigerweise von Ursache und Wirkung bestimmt würde. Nur wenn wir die Gründe für unser Verhalten kennen, sagte er, können wir frei sein.

Hinterfrage Spinoza

Stell dir vor, du bist traurig: Fühlst du dich besser, wenn man dir sagt: »Sei nicht traurig!«, oder wenn man dich fragt: »Warum bist du traurig?«

Gottfried Wilhelm Leibniz

Warum existiert »etwas«, anstatt »nichts«? Das fragte sich Leibniz. Versuche mal, an das Nichts zu denken. Schaffst du das? Wenn es nichts ist, bedeutet das, dass es nicht existiert. Aber kann man etwas denken, das nicht existiert? Natürlich kann man an etwas denken, das es in der Vergangenheit gegeben hat, auch wenn es jetzt nicht mehr da ist, wie beispielsweise Dinosaurier. Man kann an etwas denken, das in der Zukunft existieren könnte, auch wenn es das noch nicht gibt, wie fliegende Autos, die in deiner Vorstellung längst da sind. Wenn wir eine Sache hingegen nicht denken können, existiert sie nicht. Sie ist das Nichts.

Aber warum gibt es das, was es gibt? Für Leibniz hängt die Existenz der Dinge nicht von der Materie ab, aus der sie gemacht sind, sondern von einer lebendigen Kraft, also von Energie. Das gilt nicht nur für die menschlichen Wesen und die Tiere, sondern auch für Pflanzen und sogar Steine! Die lebendige Kraft lässt jedes Ding existieren.

Im Stein, auch wenn er kein Bewusstsein hat wie ein Mensch, steckt dennoch eine Kraft, die ihn das sein lässt, was er ist. Und daher fällt er immer nach unten. Ein Baum kann noch etwas mehr wahrnehmen: Er zieht sich nicht nur in den Boden, sondern es ist, als wüsste er, dass es die Sonne gibt. Er sehnt sich nach ihrem Licht, und daher lässt er Blätter sprießen, deren Fotosynthese ihn am Leben halten.

In Leibniz' Welt ist es also so, als hätte jedes Ding einen »zureichenden Grund«[13], um zu sein. Dieser Grund erklärt die Natur.

Gottfried Wilhelm Leibniz (1646-1716) war Philosoph und Mathematiker, dem wir die Infinitesimalrechnung und die Erfindung einer mechanischen Rechenmaschine, der Leibnizschen Rechenmaschine, verdanken.

Mach's wie Leibniz

Nimm einen Gegenstand, der dir unbelebt erscheint.
Kannst du eine Kraft darin erkennen? Könntest du sie beschreiben?

DAS WOLLKNÄUEL DER GESCHICHTE

Giambattista Vico

Magst du Geschichte? Vielleicht findest du das Fach langweilig, weil Geschichte meistens nichts mit deinem Alltag zu tun hat, oder sogar schwierig, weil man sich so viele Jahreszahlen merken muss. Vielleicht kann Vico deine Meinung ändern.

Stell dir deine Großmutter vor, die im Sessel sitzt und strickt: Aus dem großen Wollknäuel zu ihren Füßen schafft sie mit den Nadeln ein Geflecht aus Fäden. Für Vico war die Geschichte ein ähnliches Geflecht, das hin und her geht, wie das Garn auf den Stricknadeln deiner Oma, die darauf achtet, keine Löcher im Pullover zu hinterlassen.

Die Geschichte besteht aus Zeiträumen, die sich in gewissen Abständen wiederholen. Vico nennt diese Abschnitte »Zeitalter der Götter«, »Zeitalter der Heroen« und »Zeitalter der Menschen«.

Diese Zeitalter ähneln den Zeiträumen, die das Leben des Menschen kennzeichnen, der von klein auf die Dinge durch Gerüche, Geräusche und Farben wahrnimmt. Beim Heranwachsen benutzt er die Fantasie, um sich etwas vorzustellen; als Erwachsener bedient er sich des Verstandes, um zu verstehen. Durch diese Phasen lernt der Mensch sich selbst kennen, und er hütet seine Vergangenheit wie einen Schatz und gelangt durch das, was er tut und erkennt, zu Wahrheit.

Die Geschichte entwickelt sich wie eine Spirale, so wie aus dem Faden mit der Zeit ein Pullover wird. Wenn du ihn anziehst, kannst du alle drei Zeitalter der Menschen wahrnehmen: Mit der Haut spürst du die Wärme der Wolle, mit deiner Fantasie gibst du den Zombies, die vorne aufgenäht sind, einen Namen, und mit dem Verstand merkst du, dass der Pullover genau in deiner Größe gemacht ist.

Giambattista Vico (1668-1744), ein italienischer Philosoph, hielt die Geschichte für eine »neue Wissenschaft«, die sich auf Unveränderlichem gründet. Sie wiederholt sich spiralförmig und bildet die fortschrittliche Entwicklung der menschlichen Zivilisation.

Denk nach mit Vico

Überleg dir eine Geschichte mit einer eigenen Handlung, in der sich die drei Zeitalter der Menschheit abwechseln.

DIE WELT IST DAS, WAS WIR WAHRNEHMEN

George Berkeley

Gibt es diesen Apfel wirklich? Und deine Katze? Und die Dinos, sind wir sicher, dass es sie gegeben hat? Es mögen wunderliche Fragen sein, aber stelle sie dir mal. Wer weiß, ob du sie noch sicher beantworten kannst, wenn du erfährst, wie Berkeley darüber dachte. Für ihn existieren nämlich alle Dinge der Welt um dich herum nicht. Ja, du hast ganz richtig gelesen! Es gibt nicht mal die, von denen du ganz sicher bist. Oder besser, sie existieren nicht so, wie du es glaubst.

Beiß mal kräftig in den Apfel. Er schmeckt süß, du hältst ihn in den Händen, spürst sein Gewicht, siehst, dass er an einer Stelle etwas angestoßen ist. Du würdest Berkeley natürlich sagen, dass es diesen Apfel gibt. Und er wäre mit dir einer Meinung, aber doch nicht ganz. Jetzt denk an einen Apfel am Baum, gut versteckt zwischen den Blättern. Ein Apfel, den niemand sieht. In diesem Fall würde Berkeley sagen, dass es diesen Apfel überhaupt nicht gibt.

Seiner Meinung nach existieren die Dinge eigentlich nicht, sondern sind im Geist desjenigen, der sie sieht, berührt oder spürt. Wenn das so ist, dann existiert der Apfel, den du isst, weil er in deinem Geist ist. Er ist in deinem Geist, weil du ihn siehst. Ein verborgener Apfel hingegen ist in niemandes Geist, und daher gibt es ihn für Berkeley nicht. Es ist, als würde deine Katze nicht existieren, wenn du sie nicht gefunden hättest und niemand sie je gesehen hätte.

Für Berkeley existiert also nur das, was man wahrnimmt. Denn man kann die Existenz einer Sache nicht bezeugen, die niemand wahrgenommen hat. Und was ist mit den Dinos? Tja, kein Mensch hat sie je gesehen …

Der Ire George Berkeley (1685-1753) war ein empirischer Philosoph, das heißt, er dachte, dass wir nur durch unsere Sinne die Welt erfahren. Er gilt als der erste Idealist, denn für ihn gab es nichts außerhalb unseres Geistes.

Hinterfrage Berkeley

Ein durstiger Mensch in einer Wüste sieht eine Oase. Er kommt dort an und erkennt, dass es eine Fata Morgana war. Bevor er dort ankommt: Gab es die Oase?

DIE DREI MÄCHTE

Montesquieu

Es gibt viele Dinge, die du machen möchtest, aber sie sind verboten – so wie ganz laut Musik hören, wann immer du willst. Regeln können nervig sein, und vielleicht denkst du, dass ein freies Leben bedeutet, alles uneingeschränkt tun zu können, was du willst. Doch damit würdest du anderen Menschen die Freiheit nehmen. Denk an deine Nachbarn, die den Krach ertragen müssten. Und wenn alle so dächten wie du, würdest du dir vor allen anderen die Ohren wegen des Radaus zuhalten. Um wirklich frei zu sein, brauchen wir etwas, das unsere Freiheit beschützt.

Montesquieu sagte, dass für ein friedliches Zusammenleben alle Menschen die Regeln befolgen müssen. Diese werden »Gesetze« genannt. Doch sind Gesetze Verbote? Zum Teil ja. Aber ziehe keine voreiligen Schlüsse. Wir Bürger vertrauen einer Gruppe von Personen die Verantwortung an, Gesetze zu machen. Diese Macht, die wir ihnen geben, heißt »Legislative«. So gibt es ein Gesetz, das besagt, dass wir die Musik oder den Fernseher nicht voll aufdrehen dürfen. Aber wer kontrolliert, dass wir die Gesetze befolgen? Die Macht der »Exekutive«. Wenn dein Nachbar nicht schlafen kann, darf er die Polizei rufen, die dann kontrolliert, ob deine Musik wirklich zu laut ist. Und wenn du sie nicht leiser stellen willst? Dann greift die Macht der »Judikative« ein, das sind die Richter. Sie müssen beurteilen, ob du ein Gesetz gebrochen hast. Wenn das der Fall ist, ergreifen sie Maßnahmen. Jede Macht darf sich aber nur um ihren eigenen Bereich kümmern: Wenn wir sie auf eine Waage legen, müssen sie das gleiche Gewicht haben. Wenn ein und dieselbe Person Gesetze macht, sie kontrolliert und dann eventuell Strafen verkündet, dann ist unser Recht, in Freiheit zu leben, in Gefahr.

Der Franzose Montesquieu (1689-1755) war der Vater der politischen Theorie der Gewaltenteilung. Er reiste viel und sammelte dabei Überlegungen zu Sitten und Gebräuchen in anderen Ländern. Nach ihm wurde ein Asteroid benannt, der 7064 Montesquieu.

Denk nach mit Montesquieu

Was würde passieren, wenn deine Freundin bei einem Spiel die Regeln festlegt und dann kontrolliert, ob sie eingehalten werden, und schließlich noch bestimmt, wer mitspielen darf?

Voltaire

Wie viele Menschen aus anderen Ländern kennst du? Denk mal an deine Klasse. Vielleicht sprechen manche nicht so gut Deutsch, was manchmal schwierig sein kann. Für dich ist das kein Problem, denn du hilfst ihnen gern. Sie erzählen dir von den Gebräuchen in ihrem Heimatland, und du erfährst, dass manche einen Monat lang vor Sonnenuntergang nichts essen dürfen oder dass andere die Zeit mit einem ganz anderen Kalender messen als du.

Manche Menschen jedoch halten die Unterschiede zwischen Herkunft, Kultur und Religion für ein Problem. Ihre Vorurteile lassen sie glauben, dass alles gefährlich ist, was anders ist. Voltaire ertrug so eine Haltung nicht und sagte, dass Vorurteile die Menschen intolerant machen. Der Intolerante ist überzeugt, dass er weiß, was richtig ist. Daher glaubt er, besser zu sein. Er will für uns entscheiden, indem er uns beispielsweise vorschreibt, was wir denken sollen oder welcher Religion wir folgen müssen. Voltaire hingegen glaubte, dass man Toleranz unbedingt der Intoleranz vorziehen müsste, weil Toleranz viel vorteilhafter ist, auch wenn manche genau das Gegenteil glauben. Wenn alle so wie du denken würden, dann gäbe es keinen Streit. Wir streiten uns nämlich, wenn wir nicht einer Meinung sind. Allerdings können auch nicht alle das Gleiche denken, das wäre nicht gut, und unterschiedlich zu denken ist schön, auch wenn wir deshalb manchmal streiten. Die Toleranz, sagte Voltaire, lässt alle Ideen gemeinsam bestehen, ohne dass eine vertrieben würde. Ganz im Sinne des Satzes: »Ich teile Ihre Meinung nicht, aber ich würde mein Leben dafür einsetzen, dass Sie sie äußern dürfen.«

Voltaire (1694-1778) war ein französischer Philosoph und Schriftsteller und lebte in der Zeit der Aufklärung. Er arbeitete an einer Enzyklopädie mit und war zudem Märchenautor. In seinen Werken hat er die Ungerechtigkeit angeklagt und über den Aberglauben der Menschen geschrieben.

Mach's wie Voltaire

Nach Voltaire muss man intolerante Personen, die Menschen nicht akzeptieren, weil sie anders sind, tadeln. Aber muss man die Intoleranten auch tolerieren?

DIE GEWOHNHEIT IST SCHULD

David Hume

Du hast bestimmt auch mit Murmeln gespielt: Mit deinen Freunden zusammen habt ihr eine riesige Murmelbahn mit Kurven und Brücken gebaut und Wettrennen veranstaltet. Deine Murmel, die rote, gerät in einen Engpass, aber vor ihr liegt die blaue deines Freundes. Du stößt deine rote Murmel kräftig an, die die blaue trifft und in Bewegung bringt. Du wusstest, dass du mit dem Anstoßen deiner Murmel auch die andere bewegen wirst. Aber woher weißt du, dass etwas eine Wirkung auf etwas anderes hat, bevor du es siehst?

Denk gut nach: Die rote Murmel hat nichts an sich, was dir verraten könnte, wie sie auf die blaue wirken wird. Du beobachtest nur, dass die blaue Murmel sich bewegt, *nachdem* sie von der roten getroffen wurde. Aber du siehst nicht, dass die Verschiebung *aufgrund* der roten Murmel passiert. Du denkst es dir, weil du es gewohnt bist, dass zwei zusammenknallende Murmeln so reagieren. Aber nichts garantiert dir, dass dies immer so passiert.

Der Engländer Hume wollte uns sagen, dass die Gewohnheit unser Leben steuert. Wir leiten sie aus unseren Erfahrungen ab: Wie oft ist deine Murmel schon in den Engpass geraten, und jedes Mal hast du erlebt, dass eine Murmel, die eine andere trifft, diese weggeschubst hat. Du bist so an diese Folge gewöhnt, dass du vermutlich gedacht hast: »Wenn es in der Vergangenheit so lief, wird es sich auch in der Zukunft genau so wiederholen!«

Denn wenn du nicht daran gewöhnt wärst, die Sonne jeden Morgen zu sehen, wie könntest du sonst sagen, dass sie morgen wieder aufgeht?

David Hume (1711-1776) dachte, dass die Wiederholung von Erfahrung in uns den Glauben schafft, dass die Dinge so passieren, wie unsere Gewohnheit sie uns beigebracht hat.

Hinterfrage Hume

Drei Mal geht, während du nach Hause kommst, ein Gewitter nieder, und der Strom fällt aus. Was würde Hume dazu sagen? Was sagst du?

Jean-Jacques Rousseau

Stell dir vor, du bist an einem schönen sonnigen Sonntag mit deinem neuen Fahrrad im Park. Nachdem du stundenlang geradelt bist, stellst du es an einem Baum ab und holst dir am Kiosk ein Eis. Bei deiner Rückkehr entdeckst du, dass ein Fremder dein Rad genommen hat und damit fröhlich durch den Park kurvt. Du wirst wütend und fängst Streit mit ihm an, weil er etwas genommen hat, das dir gehört.

Es ist leicht zu streiten, wenn jemand einem anderen etwas wegnehmen will. Nach dem Philosophen Rousseau entstanden die Streitigkeiten an dem Tag, als ein Mensch ein Stück Land umzäunte und sagte: »Das ist meins«, und die anderen ihm glaubten. Davor gab es nämlich kein »Mein« und »Dein«, denn die Menschen lebten in der Natur, und die gehörte allen. Es war so, als würdest du mit deiner Familie einen Ausflug an den See oder in die Berge machen: Das sind Orte, die allen gehören und die sich niemand nehmen kann. Aber wie lassen sich Streitigkeiten vermeiden in einer Welt, in der jeder sein Haus, seinen Garten, sein Fahrrad hat? Für Rousseau ist die einzige Lösung, eine Abmachung zu treffen, die er »Gesellschaftsvertrag« nennt. Darin legen die Menschen gemeinsam die Regeln fest, die für ein friedliches Zusammenleben befolgt werden müssen. Sie vertrauen jemandem, den sie selbst gewählt haben, die Aufgabe an, für die Einhaltung dieser Regeln zu sorgen. Zum Beispiel dem Staat. So können sich alle sicher, aber auch frei fühlen, weil die Menschen die Regeln eben selbst festgelegt haben. Das ist das Modell einer demokratischen Gesellschaft, in der du dein Fahrrad stehen lassen kannst, um dir ein Eis zu holen: Wer es dir wegnimmt, verstößt gegen den Vertrag und wendet sich somit gegen die Regeln, die er zuvor akzeptiert hat. Dafür wird er bestraft.

Jean-Jacques Rousseau (1712-1778) war ein französischer Philosoph und Musiker. Er kritisierte die Gesellschaft stark. Denn trotz des Gesellschaftsvertrages, der ein friedliches Zusammenleben der Menschen garantiert, bietet sie nicht das Glück und die Freiheit, die der Mensch im Naturzustand erlebt hat.

Mach's wie Rousseau

Legt mit deinen Freunden drei Regeln fest, die ihr versucht zu befolgen. Fühlt ihr euch trotzdem frei?

Immanuel Kant

Ich wette, du willst ganz schnell groß werden, um überall ohne Begleitung eines Erwachsenen hingehen zu können. Für Kant bist du jedoch erst erwachsen, wenn du den Mut hast, selbstständig zu denken. Noch denken andere für dich, wie die Lehrerin, die dir sagt, dass die Erde eine Kugel ist, oder deine Eltern, die dir sagen, dass Gemüse gesund ist. Du wirst erst erwachsen, wenn du gelernt hast, deinen Kopf eigenständig zu benutzen; wenn du nicht mehr zulässt, dass andere dir die Welt erklären, sondern du dich anstrengst, sie mit deinem eigenen Verstand zu begreifen.

Für Kant ist der Mensch der Held der Erkenntnis, und diesen Menschen zu verstehen war seine Revolution. Aber was heißt das? Also, jede Erkenntnis, zum Beispiel die über eine Blume, braucht zwei Elemente: etwas zum Untersuchen, also die Blume, und jemanden, der es untersucht. Vor Kant hätten die Menschen allein die Blume analysiert. Kant meinte jedoch, man müsste wissen, wie der Geist des Menschen funktioniert, der die Blume untersucht. Eine Fliege beispielsweise sieht durch Tausende von sechseckigen Facettenaugen, und wenn sie die Blume untersuchen will, müsste sie bedenken, dass diese Facetten nicht auf den Blütenblättern sind, sondern ihre Augen bilden, mit denen sie die Blume betrachtet. Beim Menschen ist es das Gleiche: Du siehst nicht nur einfach die Blume, sondern du ordnest sie sofort in Raum und Zeit ein.

Aber Raum und Zeit sind, so wie die Facetten der Fliegenaugen, nicht in der Blume, sondern in den besonderen Augen deines Verstandes. Wissen bedeutet für Kant, den Verstand richtig zu benutzen, also mit seinen Augen zu sehen, was uns umgibt. Aber zuerst müssen wir wissen, wie diese Augen gemacht sind.

Immanuel Kant (1724-1804) war einer der größten Philosophen aller Zeiten. Seine Methode wird Kritizismus genannt. Nachdem er den Gebrauch des Verstandes (das war der Kern der Aufklärung) anregte, dachte er auch über dessen Grenzen nach.

Denk nach mit Kant

Stell dir vor, auf dem Mars stehen ein Astronaut und ein Marsmensch vor demselben Krater: Sehen sie deiner Meinung nach dasselbe?

DER POLIZIST OHNE SCHLAGSTOCK

Cesare Beccaria

Bist du schon mal bestraft worden? War die Strafe gerecht? Und nützlich? Ich wette, dass du manche Strafe nicht verdient hattest und auch schon einigen entkommen bist. Manchmal hast du deine Fehler eingesehen, und manchmal war die Strafe zu gar nichts nütze. Beccaria schrieb ein ganzes Buch über Strafen, denn er hielt sie für wichtig. Und das sind sie auch. Denn wenn Erwachsene Gesetze brechen, können sie dafür ins Gefängnis kommen. Wer also Strafen festlegt, muss vorsichtig sein und sich vor allem fragen: »Ist diese Strafe gerecht? Ist sie nützlich?«

Wenn ein Polizist vermutet, dass jemand ein Dieb ist, kann er diesen Menschen ja nicht einfach verprügeln. Ein Richter könnte nämlich später feststellen, dass der Verdächtigte unschuldig ist. Aber selbst wenn er schuldig wäre, dann wäre Gewalt weder richtig noch nützlich, um den Verurteilten zu einem anderen Verhalten zu erziehen.

Sobald ein Verbrechen bewiesen ist, müssen für Beccaria die Strafen so milde wie möglich ausfallen, denn sie sind nicht dazu da, dem Schuldigen zu schaden. Sie dienen vielmehr dazu, dass er sich ändert und dass andere Menschen abgeschreckt werden, sein Verhalten nachzuahmen. Um die Bürger davon abzuhalten, Straftaten zu begehen, müssen alle wissen, dass sie für eine Tat jederzeit und auf die gleiche Weise bestraft werden. Beccaria zeigte damit großen Respekt gegenüber den Menschen. Denn die Person, die etwas falsch gemacht hat, muss zwar bestraft werden, aber sie hat immer noch das Recht zu zeigen, dass sie sich geändert hat.

Cesare Beccaria (1738-1794) war ein italienischer Philosoph und Jurist. Er schrieb das Werk Von den Verbrechen und von den Strafen, *in dem er seine Argumente gegen Folter und Todesstrafe darlegte.*

Denk nach mit Beccaria

Erinnere dich an deine letzte Strafe: Hat sie dir geholfen?
Hast du etwas aus deinen Fehlern gelernt?

Johann Gottlieb Fichte

Jedes Neugeborene sucht sofort nach der Brust seiner Mutter. Denn es glaubt, es wäre eins mit ihr. Die Brust der Mutter hält es für einen Teil seines Körpers. Erst in einem bestimmten Moment, wenn es Milch will und sie aus irgendeinem Grund nicht bekommt, versteht es, dass diese Brust kein Teil von ihm ist. Es entdeckt, dass sein Körper eine Grenze hat, hinter der die Welt beginnt. So fängt das Baby also an zu lernen.

Du lernst in der Schule und im Leben viele verschiedene Dinge, aber alle haben eines gemeinsam: Sie sind nicht du. Alles das, was nicht du bist – deine Freunde, deine Katze oder der Ball, also alles andere –, nennt Fichte das Nicht-Ich.

Praktisch existieren für ihn nur zwei Dinge: Auf der einen Seite bist du, also dein Ich, und auf der anderen Seite ist der Rest der Welt, das Nicht-Ich. Das Nicht-Ich ist sehr wichtig: Wenn es das nicht gäbe, was würdest du lernen? Du wärst das Einzige, was existierte. Dann könntest du sicher sagen: »Ich bin ich.« Aber du wüsstest nichts anderes über dich, weil du nichts hättest, mit dem du dich vergleichen könntest. Als Baby entdeckst du nach und nach, wer du bist, indem du die Welt und wie sie sich von dir unterscheidet kennenlernst. So entdeckst du auch deine Freiheit. Du könntest denken, dass du ohne die Welt frei wärst und alles tun könntest, was du willst. Aber überleg mal: Was würdest du ohne veränderbare Dinge, überwindbare Hindernisse oder Menschen machen, mit denen du Beziehungen eingehst? Was wäre das für eine Freiheit?

Wenn ein Baby weint, würde Fichte sagen, ist es seinem ersten Nicht-Ich begegnet und bereitet sich nun auf den Hürdenlauf des Wissens und der Freiheit vor, der das Leben ist.

Johann Gottlieb Fichte (1762-1814) meinte, dass die Wirklichkeit ohne das Ich nicht existiert. Das Ich erfährt die Welt, das sogenannte Nicht-Ich, und vergleicht sich mit ihr.

Mach's wie Fichte

Ohne das Nicht-Ich könntest du die Welt nicht erfahren und nicht frei sein. Bist du also frei, je mehr du von ihr weißt?

Georg Wilhelm Friedrich Hegel

Wenn du dich fragst, wer du bist, denkst du sofort an das Bild, das du von dir hast. Du könntest mir erzählen, dass du gut malen kannst und viele andere Dinge machst, wenn du allein bist. Aber du bist auch immer ein Teil einer Gemeinschaft, deiner Familie oder deiner Klasse beispielsweise. Du hast gelernt, dass es Regeln gibt, die befolgt werden müssen und die für alle gelten, so wie an der Ampel bei Rot zu warten. Falls dir der Umweltschutz am Herzen liegt, dann ist das Bild, das du von dir hast, das Bild einer Person, die sich für ihre Gemeinschaft verantwortlich fühlt.

Für Hegel ist es, als hättest du mehrere Persönlichkeiten. Als wärst du gleichzeitig ein Einzelwesen mit Bedürfnissen und Wünschen (subjektiver Geist), aber auch jemand, der zu einer Gruppe gehört. Jedes Volk hat gelernt, unter der Führung eines Staates (objektiver Geist) zu leben. Aber für Hegel sind wir Teil von etwas noch viel Größerem, das nicht von uns und nicht einmal vom Staat abhängt.

Das merkst du, wenn du beispielsweise eine Kirche, eine Synagoge oder eine Moschee betrittst und betende Menschen siehst: Ganz gleich, ob du an Gott glaubst oder nicht, überkommt dich eine Art Schwindel, weil du etwas Enormes verspürst, das über dich und über den Staat hinausgeht.

Wie die Religion kann auch die Kunst mit ihren Bildern oder ihrer Musik diese gigantische Dimension erreichen. In seiner Philosophie spricht Hegel von der Entwicklung einer Idee (absoluter Geist). Diese beginnt bei einem kleinen, einsamen Ich und wird immer klarer und größer, bis sie mit allem eins wird!

Georg Wilhelm Friedrich Hegel (1770-1831) war einer der wichtigsten Philosophen des Idealismus. Diese philosophische Strömung geht davon aus, dass nur wirklich ist, was wir denken. Hegel nennt diesen Gedanken »Geist« oder »Idee«.

Hinterfrage Hegel

Denk an die Schule, deine Familie, deine Fußballmannschaft:
Wie vielen Gemeinschaften gehörst du an?

Friedrich Wilhelm Joseph Schelling

Stell dir vor, du steigst auf das höchste Haus in deiner Stadt. Von dort siehst du alles: Menschen, Bäume, Häuser, Straßen. Aber über dir, jenseits von dir, gibt es Wolken und den Himmel. Um alles auf einmal zu sehen, müsstest du in ein Flugzeug steigen. Aber auch von dort aus gibt es immer etwas, das deinem Blick entgeht. Wenn du alles aus einem Raumschiff betrachten würdest, könntest du dann alles sehen, was es gibt? Überleg mal: Gibt es einen Standpunkt, von dem aus man *wirklich* alle Dinge sehen könnte?

Für Schelling ist dieser Standpunkt das Absolute, also etwas, das jenseits von Raum und Zeit steht und auch jenseits von allem, was wir wissen. Dieses Etwas steckt auch in dir: Du weißt, dass es existiert, denn es ist wie die Sehnsucht, wie eine Erinnerung an etwas, das dir fehlt und das du brauchst. Du bist zwar nicht unendlich, aber du hast etwas Unendliches in dir: das Absolute, das dich übersteigt, eben weil es absolut ist.

Schelling sah das Absolute als Prinzip der gesamten Wirklichkeit an. Es umfasst alle Menschen und die gesamte Natur.

Doch wenn es unendlich ist und in allem steckt, ist es doch unmöglich, es sich vorzustellen, oder? Für Schelling steckt in der Kunst etwas, das uns eine Ahnung vom Absoluten vermittelt. Denk an Musik, aber nicht an die von einem einzigen Instrument. Stell dir ein Orchester vor, in dem jedes Instrument einen Ton erzeugt, der sich mit den Tönen der anderen Instrumente vermischt. Die unterschiedlichsten Töne bilden gemeinsam einen Klang, den du als ein Gesamtes hörst, bei dem du nicht mehr auf Flöte, Gitarre oder Geige achtest, sondern nur noch das Gesamte wahrnimmst.

Friedrich Wilhelm Joseph Schelling (1775-1854) war zusammen mit Hegel und Fichte einer der Väter des deutschen Idealismus. Er hielt die Kunst für das einzige »Organ« der gesamten Philosophie, also für das einzige Mittel, das das Absolute erreichen kann.

Mach's wie Schelling

Versuche ein Kunstwerk zu schaffen, das das Absolute darstellt.

DER WILLE ZUM LEBEN

Arthur Schopenhauer

Am Jahresende denkst du vielleicht zurück, wie du dich in den vergangenen zwölf Monaten verhalten hast, und schreibst eine Liste mit Vorsätzen für die Zukunft. »Ich habe dieses oder jenes nicht geschafft«, sagst du dir. »Ab jetzt verhalte ich mich anders.«

Für Schopenhauer begehst du jedoch einen Fehler, wenn du denkst, du könntest dein Leben und deine Taten bestimmen. »Natürlich kann ich über meine Taten bestimmen!«, wirst du sagen. »Ich schlafe, ich esse, ich spiele oder ich streite. Ich entscheide, was ich tue.« Für Schopenhauer sind die Dinge jedoch ganz und gar nicht so: Es gibt ein Etwas, das er »Wille zum Leben« nennt. Dieser Wille leitet unsere Handlungen. Er lässt auch die Grashalme mit so unbändiger Kraft sprießen, dass sie sogar den Asphalt sprengen. Dieser Wille lebt *durch* dich, auch wenn du glaubst, dass du allein entscheidest.

Der Wille zum Leben will nur eines: leben ohne Wieso oder Warum. Daher hält Schopenhauer ihn für irrational, er ist also vernunftwidrig. Der Wille ist dafür da, dass wir die menschliche Art erhalten. Aus diesem Grund gibt er uns die Möglichkeit, uns fortzupflanzen. Er bewirkt, dass Männer und Frauen sich verlieben, damit sie Lust bekommen, Kinder zu zeugen.

Schopenhauer sagte auch, dass die Menschen sich weigern könnten, bloße Werkzeuge der Fortpflanzung zu sein: Dafür müssten wir nur auf unsere eigenen Bedürfnisse und Wünsche (wie den Wunsch, Eltern zu werden) verzichten. Aber wenn das alle täten, würden die Menschen irgendwann aussterben, und der Wille zum Leben wäre besiegt!

Arthur Schopenhauer (1788-1860) wurde von Freud (siehe Seite 128) als sein »Vorgänger« betrachtet. Schopenhauer hat nämlich mit seinem Konzept des Willens zum Leben die Entdeckung des Unbewussten vorausgenommen, was Freud zu der Aussage veranlasste: »Das Ich ist nicht Herr im eigenen Haus.«

Denk nach mit Schopenhauer

Für Schopenhauer sind deine Wünsche also nur trügerische Instrumente, mit denen der Wille zum Leben seine Ziele erreichen will. Bist du einverstanden?

DIE ENTSTEHUNG DER ARTEN

Charles Darwin

Sie hat ein Gedächtnis wie ein Elefant!« Dieser Spruch kommt daher, dass Elefanten sich an richtig viele Dinge erinnern. Wer weiß, ob die Mammuts, ihre ausgestorbenen Vorfahren, auch so ein gutes Gedächtnis hatten ... Das können wir leider nicht herausfinden, weil es sie nicht mehr gibt. Aber warum sterben manche Tierarten aus? Genau das hat Darwin versucht zu verstehen und eine immer noch gültige Theorie entwickelt.

Kennst du die Art von Dokumentarfilmen, in denen eine Löwin nach langer Verfolgungsjagd endlich eine Gazelle fängt und sie frisst? Das mag grausam erscheinen, und manchmal tut uns die arme Gazelle auch leid. Nach Darwin jedoch ist der Kampf zwischen den Tieren für das Überleben notwendig. Durch die Fortpflanzung werden sie so viele, dass es nicht mehr genug Futter für alle gibt. Daher kämpfen alle Tiere um Futter und darum, nicht selbst von anderen gefressen zu werden. Und als ob das nicht schon genug wäre, hat auch noch das Klima einen Einfluss aufs Überleben. Damit ein einzelnes Tier überlebt, passt es sich an seine Umwelt an und verändert sich. Das nennt man »Evolution«. Die Veränderungen, die sogenannten Mutationen, vererbt es an seine Nachkommen. Daher sind einige Tiere mit einem dichten Fell gegen die Kälte ausgestattet, andere haben rutschfeste Hufe, um auf glattem Boden voranzukommen. Die Tiere, die sich nicht anpassen können, sterben hingegen aus, so wie die Mammuts. Und die Menschen? Wie passen sie in die Evolution? Nach Darwin stammen wir von den am weitesten entwickelten Säugetieren ab, den Affen. Wir Menschen unterscheiden uns von ihnen nur durch eine etwas höhere Intelligenz und durch unsere Sprache.

Charles Darwin (1809-1882) war ein englischer Naturforscher und Biologe. Schon als Junge nahm er an einer Expedition um die Welt teil, die die Grundlage für die Entwicklung seiner Theorie über die Entstehung der Arten bildete.

Mach's wie Darwin

Stell dir die Erde in tausend Jahren vor. Welche Tiere leben auf ihr?
Und werden die Menschen noch so sein wie heute?

Søren Kierkegaard

Während einer Wanderung in den Bergen kann es sein, dass du an einen Wegweiser kommst. Zum Gipfel geht es da lang! Zum See hier! Was wählst du? Welchen Weg nimmst du?

Die Sache mit der Wahl lag Kierkegaard sehr am Herzen. Er sagte, dass wir in unserer Entscheidung frei sind, gleichzeitig aber auch Gefangene. Das mag dir merkwürdig vorkommen, aber die Tatsache, dass wir so viele Möglichkeiten haben, all das machen zu können, was wir wollen, bringt uns auch ganz schön durcheinander.

Überleg mal: Wenn du dich für eines entscheidest, musst du auf was anderes verzichten.

Manchmal sagst du: »Ich werfe eine Münze! Bei Kopf nehme ich den Weg zum See, bei Zahl den zum Gipfel.« Aber wirklich wichtige Dinge kannst du nicht mit einer Münze entscheiden. Auszuwählen ist nicht einfach, weil dein Gefühl dir etwas sagt, dein Kopf aber etwas anderes meint und dein Herz noch mal etwas ganz anderes will.

Doch irgendwann musst du wählen. Die Wahl, die du triffst, erzählt dir und anderen Menschen ganz viel über dich: was dir gefällt und was nicht, was für dich gerecht ist und was du ungerecht findest. Indem du eine Wahl triffst, bestimmst du, wer du sein möchtest und wer nicht. Hab keine Angst davor und denk dran: Du kannst eine Wahl nicht vermeiden, denn auch Nicht-Wählen ist eine Wahl.

Der dänische Philosoph Søren Kierkegaard (1813-1855) wird von manchen als Vater des Existenzialismus angesehen. Er wollte nicht das menschliche Wesen im Allgemeinen verstehen, sondern die Bedeutung der Existenz jedes einzelnen Menschen.

Hinterfrage Kierkegaard

Was war die schwierigste Entscheidung, die du je getroffen hast?

DER DIEBSTAHL DES TRAKTORS

Karl Marx

Erinnerst du dich? Du warst bei einem Freund, und ihr habt zusammen Lego gespielt. Mit Bausteinen, Rädern und Schaufeln hast du deine Idee umgesetzt. Du hast dich konzentriert und angestrengt und einen total abgefahrenen Schaufelbagger gebaut. Dann wurdest du von deinem Vater abgeholt und solltest dich von dem Bagger trennen, aber du hast ihn fest an dich gedrückt. Dein Freund sagte, dass es seiner sei, weil er der Besitzer der Bausteine ist, und so musstest du ihn zurückgeben. Ist das nicht ungerecht? Nach Marx findet genau diese Ungerechtigkeit bei der Arbeit statt, und zwar durch die Art, wie sie organisiert ist.

Wer hat beispielsweise die Bausteine hergestellt? Der Arbeiter, der die Maschinen bedient, mit denen die perfekten Teile geformt werden.

Marx würde sagen: Je mehr dieser Mensch arbeitet, umso mehr produziert er eine Sache, die ihm nicht gehört, weil er nicht der Besitzer der Bausteine ist. Und je mehr er eine Sache herstellt, die ihm nicht gehört, umso mehr entfernt er sich von sich selbst. Marx sagte, er »entfremdet sich«. Denn der Arbeiter gibt nicht nur seine Zeit, seine Aufmerksamkeit und sein Können, sondern er bekommt dafür auch nur die Hälfte des Geldes, das beim Verkauf im Laden erlöst wird, während der Besitzer der Maschinen die andere Hälfte erhält, ohne auch nur einen Finger zu rühren.

Diese Art der Ungerechtigkeit erlebst du, wenn du mit all deinen Energien einen Bagger baust, der dir dann aber weggenommen wird, weil die Bauteile nicht dir gehören. Was dich aber noch trauriger macht, ist das Gefühl, dass dir in diesem Augenblick auch noch etwas anderes weggenommen wird: nämlich deine Zeit, deine Aufmerksamkeit und deine Sorgfalt, so als ob sie nichts wert wären.

Karl Marx (1818-1883) war Philosoph, Wirtschaftswissenschaftler und Soziologe. Er kritisierte die kapitalistische Gesellschaft, weil sie das Anhäufen von Geld zum Ziel jeder menschlichen Aktivität macht. Diese Kritik war die Grundlage für die Ideologie des Kommunismus und beeinflusste die Geschichte Europas und der Welt.

Mach's wie Marx

Wie könnte eine Spielzeugfabrik die oben beschriebene Ungerechtigkeit überwinden?

William James

Wenn ich dich bitte, mir von deinen Erfahrungen zu erzählen, fängst du bestimmt mit ganz vielen Dingen an, die du gemacht und gelernt hast. Du erzählst beispielsweise, wie du zum ersten Mal Ski oder Schlitten gefahren oder in ein Flugzeug gestiegen bist oder in einem Zelt geschlafen hast: lauter Dinge, die dir in der Vergangenheit passiert sind.

Für William James hingegen liegt die Erfahrung nicht in der Vergangenheit, sondern in der Zukunft. Die Erfahrung besteht aus der Handlung, die zeigt, ob deine Ansicht gut begründet ist oder nicht. Leben bedeutet für den Philosophen, zu handeln und zu machen, weil du das, was du weißt und was du glaubst, nur so überprüfen kannst. Jedes Mal, wenn du eine Handlung vollziehst, tust du das auf der Grundlage von deinen Ansichten, also von dem, was du für richtig oder falsch hältst. Daher riskierst du etwas, weil du vorher ja nicht wissen kannst, was passiert. Du kannst nur *vermuten*, dass das passiert, was du denkst.

Erst die Erfahrung, die du machen wirst, wird dir sagen können, ob das, was du glaubtest, wahr ist oder nicht. Und diese Erfahrung liegt eben in der Zukunft und nicht in der Vergangenheit.

Als Beweis dafür schlägt James vor, dass du dir vorstellst, du seist während eines Schneesturms in den Bergen. Du kannst nicht stehenbleiben, weil du sonst erfrierst. Vor dir liegen zwei Wege, aber du weißt nicht, welcher dich in Sicherheit bringt. Durch deine Wahl wirst du erst am Ende des Weges erfahren, ob dieser der richtige gewesen ist … also in der Zukunft!

William James (1842-1910) war ein amerikanischer Philosoph und Psychologe, der als Begründer des Pragmatismus bekannt wurde. Diese Erkenntnismethode beruht auf dem Überprüfen von Ideen durch die Handlung, die das Erleben bzw. die Erfahrung des Menschen prägen.

Denk nach mit James

Triff eine Vorhersage über irgendetwas. Durch die Erfahrung, die du in der Zukunft machen wirst, wird sich herausstellen, ob deine Vorhersage richtig war.

Friedrich Nietzsche

Du spielst mit deinen Freundinnen und Freunden Volleyball. Euer Team macht einen Punkt, aber die anderen sagen, dass der Ball außerhalb des Feldes war. Also fangt ihr an zu diskutieren. Du sagst, der Ball war noch im Feld, aber das gegnerische Team besteht darauf, dass der Punkt nicht zählt. So geht das Spiel nicht weiter, und dann sagt jemand: »Das ist aber die Wahrheit!« Eine andere widerspricht: »Nein, du irrst dich, die Wahrheit ist ganz anders!« Wie entscheidet ihr nun, was die Wahrheit ist?

Wäre Friedrich Nietzsche bei diesem Spiel dabei, würde er sagen, dass die Wahrheit etwas ist, das wir suchen, um uns sicher zu fühlen. Dieses Bedürfnis nach Sicherheit bringt uns dazu, Ordnung in der Unordnung zu schaffen.

Wenn du zusammen mit deinen Freunden beispielsweise beschließt, dass der Punkt nicht zählt und der Aufschlag wiederholt wird, ist dies die Wahrheit, die ihr braucht, um Ordnung in das Chaos zu bringen. So könnt ihr euren Streit beenden und endlich weiterspielen.

Das, was wir als Wahrheit bezeichnen, ist für Nietzsche immer das, was wir fürs Leben brauchen. In der Welt laufen die Dinge oder Fakten allerdings nicht mit einem Schild herum, auf dem »Wahrheit« steht. Wir deuten die Dinge und wählen unter den vielen Möglichkeiten aus, was wahr ist. Die Wahrheit ist das, was sich durchsetzt, die überzeugendste Idee. Sie wird von den meisten Menschen geteilt, weil sie ihnen Sicherheit gibt. Denn in Unsicherheit lebt es sich schlecht. »Wahr« sind all jene Ansichten, die stabile Lebensverhältnisse garantieren. Solche Ideen setzen sich durch, weil sie – so schrieb Nietzsche – »Gesundheit, Zukunft, Entwicklung, Macht, Leben« besser versprechen als andere.

Friedrich Nietzsche (1844-1900) entlarvte die angeblichen Fehler der Philosophien, die den Westen beeinflusst haben. So enthüllte er all die Laster, die sich hinter vermeintlichen Tugenden verbergen, und beeinflusste damit das moralische Denken.

Hinterfrage Nietzsche

Wenn eine Sache wahr ist, weil sie uns nützt, ist dann auch die Lüge wahr, die du aus einem guten Grund verbreitest?

Sigmund Freud

Wenn du dir eine Geschichte ausdenkst, kann darin alles passieren, was du willst. Das Gleiche gilt, wenn du mit offenen Augen träumst: Du kannst dir vorstellen, über deine Stadt zu fliegen oder in der Zeit zu reisen. Abends gehst du schlafen und träumst wieder. Aber dieser Traum ist anders als die Geschichten, die du dir im wachen Zustand ausdenkst. Es ist, als sähest du eine Geschichte, die jemand anderes erzählt, und das mit geschlossenen Augen!

Sigmund Freud war so fasziniert von den Träumen, dass er sie erforschte, aber nicht nur seine eigenen, sondern auch die von vielen anderen Menschen.

So fand er heraus, dass wir im Traum einen Wunsch ausdrücken, den wir im Wachzustand nicht befriedigen können. Weil wir uns dafür schämen oder weil man uns beigebracht hat, dass unser Wunsch nicht gut ist. Wenn du träumst, ist es, als ob etwas anderes (Freund nennt es »das Unbewusste«, im Gegensatz zum Bewusstsein, das dein waches Leben steuert) mit einer Werkzeugkiste deine Geschichte gestaltet: Es benutzt all das, was dir während des Tages passiert ist. Es verkleidet deine geheimen Wünsche oder fügt merkwürdige Dinge hinzu, wie dein Zuhause, das aber ganz anders aussieht.

Diese sonderbaren Geschichten enthalten viele verborgene Bedeutungen. Die Arbeit von Freud bestand darin, diese aufzudecken und herauszufinden, was sie uns über unsere Wünsche und Ängste sagen wollen. Ohne solche Träume könnten wir nicht schlafen, denn die Wünsche und Ängste würden uns die ganze Nacht wachhalten. Stell dir deine Träume heute Abend vor dem Einschlafen mal wie Wächter vor, die deinen Schlaf behüten. Und falls du mitten in der Nacht aufwachst, weil du einen Albtraum hast, bleib ganz ruhig: Es war nur ein fauler Wächter, der zusammen mit dir eingeschlafen ist!

Sigmund Freud (1856-1939) war der Begründer der Psychoanalyse. Diese Theorie beschäftigt sich mit der Existenz des Unbewussten in jedem von uns. Unser Bewusstsein, also unser Ich, ist daher, wie Freud sagte, »nicht Herr in seinem eigenen Haus«[14].

Mach's wie Freud

Versuche, in deinem letzten Traum deinen geheimen Wunsch herauszufinden.

Émile Durkheim

Dein Leben ist das Wertvollste, was du hast. Deshalb musst du darauf achten: beispielsweise, indem du vor dem Überqueren der Straße schaust, ob auch keine Autos kommen, oder indem du mehr Gemüse statt Süßigkeiten isst. Aber auch wenn du Angst empfindest, denn die Angst schützt dich vor gefährlichen Situationen.

Und doch gibt es auf der Welt immer wieder Menschen, die scheinbar das Wertvollste vergessen, was sie haben. Du hast bestimmt schon von Schiffsuntergängen gehört, bei denen der Kapitän an Bord bleibt, weil er sich für seine Mannschaft verantwortlich fühlt; oder von den Samurai, die sich das Leben nehmen, weil sie ihrem Ehrenkodex nicht treu sein konnten.

Émile Durkheim suchte lange nach den Gründen, warum die Menschen manchmal gegen ihren Überlebensinstinkt handeln.

Einige dieser Gründe kommen uns vielleicht dumm vor. Aber für die Menschen, die mit ihnen leben, sind sie es nicht. Manchmal ist das Zugehörigkeitsgefühl zu einer Gruppe stärker als der Überlebensinstinkt. Ein anderes Mal fühlen wir uns so einsam, dass wir glauben, nirgendwo dazuzugehören, weder in der Schule noch bei den Freunden. Oder wir fühlen uns von strengen Regeln erdrückt, selbst wenn wir ohne sie vollkommen verloren wären. Um nicht in diese Extreme zu geraten, müssen wir laut Durkheim Bindungen zu anderen Menschen und der Welt aufbauen: Wir alle merken dann, dass wir für jemanden wichtig sind. Denn die Zugehörigkeit ist ein grundlegendes Bedürfnis des Menschen.

Émile Durkheim (1858-1917) gilt als der Begründer der modernen Soziologie. Er untersuchte die »sozialen Tatbestände«, also wie einzelne Menschen handeln und denken, wenn die Gruppe, der sie angehören, darüber bestimmt.

Denk nach mit Durkheim

Erinnere dich an all die Male, in denen andere dir geholfen haben, dich um dein Leben zu kümmern: Wie haben sie das gemacht?

ICH UND DER BAUM

Edmund Husserl

Stell dir vor, du spielst mit deiner Clique Volleyball im Park. Es ist warm, und nach dem vielen Spielen suchst du ein Plätzchen im Schatten zum Ausruhen. Du siehst einen Baum mit einer dichten Krone und findest, dass er genau richtig ist: Du setzt dich zwischen die Wurzeln und genießt die Kühle unter dem Blätterdach. Diese Handlung, von der du glaubst, du hättest sie ausgeführt, ohne nachzudenken, hat für Husserl eine ganz besondere Bedeutung. Der Baum, unter dem du sitzt, ist immer dort, und du bist es gewohnt, ihn als etwas zu denken, das für sich allein existiert.

Aber als du dich in den Schatten setzen wolltest, hast du den Baum angesehen und ihm eine bestimmte Bedeutung zugewiesen. Du hast einen Ort gesucht, wo die Sonne nicht hinkommt und der bequem zum Sitzen ist. Also hast du den Baum von oben bis unten betrachtet. Du hast den Schatten seiner Krone und die Form seiner Wurzeln gesehen, und du hast gedacht, dass der Platz dazwischen genau richtig ist. Dieser Baum hat also aufgehört, etwas zu sein, das unabhängig von dir existiert, und er hat sich dir gezeigt, so wie du ihn gesehen hast.

An einem anderen Tag gehst du wieder in diesen Park, um ein Referat über verschiedene Baumblätter vorzubereiten. Mit dieser Absicht betrachtest du nun die Formen und Farben der Blätter des Baumes, unter dem du gesessen hast: Und jetzt zeigt er sich dir mit dieser Bedeutung, die du ihm zugewiesen hast. Die Welt existiert für Husserl nicht getrennt von dir, sondern so wie sie sich dir zeigt. Du erlebst sie auf viele Arten: mit deinen Gefühlen, mit deiner Neugierde und deiner Lust zu lernen – und dann ist sie auch noch nützlich, wenn du einen bequemen Wurzelsessel brauchst!

Edmund Husserl (1859-1938) war der Vater der Phänomenologie, die die Dinge betrachtet, wie sie erscheinen. Sie beschäftigt sich mit der gelebten Erfahrung unseres Körpers im Verhältnis zur Welt.

Mach's wie Husserl

Betrachte dein Lieblingskuscheltier von früher.
Hat es heute noch die gleiche Bedeutung wie damals, als du klein warst?

Henri-Louis Bergson

Manchmal vergeht eine Stunde rasend schnell, vor allem, wenn du Spaß hast. Manchmal dauert sie ewig, vor allem, wenn du dich langweilst. Aber wie kann das sein, wenn eine Stunde doch immer eine Stunde ist?

Henri-Louis Bergson findet das gar nicht merkwürdig, sondern nur zweideutig: Das, was du in dir erlebst – Gedanken, Erinnerungen, Gefühle und Wünsche –, hat nichts mit der Uhrzeit zu tun. Mit der Uhr kannst du messen, wie lang etwas braucht, beispielsweise bis das Teewasser kocht. Die Minuten vergehen regelmäßig und im selben Tempo, und wenn du vergisst, den Herd anzustellen, kannst du mit dem Messen von vorn anfangen.

Aber die Zeit, die die Menschen in sich erleben, kann man so nicht messen, weil sie eher einer Lawine gleicht. Die Lawine besteht aus einem einzigen Körper. Sie bewahrt den ersten Klumpen Schnee, der sie ausgelöst hat, und beim Abgang nimmt sie immer mehr Schnee auf, vermischt alles und verändert ständig ihre Form. Auf einem steilen Hang rast sie schnell ins Tal und reißt mehr Schnee mit, auf einem sanften Hügel ist sie langsamer und sammelt weniger Schnee. Eines aber ist sicher: Sie kehrt niemals um, und man kann sie nie wiederholen. Dein »Innenleben« ist genauso, du kannst einen Moment nicht vom nächsten trennen. Nimm diesen Moment, in dem du liest: Das ist deine Gegenwart. Aber sie enthält ein Stückchen von deiner Vergangenheit, als du beispielsweise lesen gelernt hast, und auch von deiner Zukunft. Denn du denkst ja schon daran, dass du morgen mit deiner Freundin über diese Sache mit der Zeit sprechen willst. Wie eine Lawine kehrt auch deine innere Zeit nicht um. Ganz gleich, ob langsam oder schnell, deine »innere« Zeit drängt immer nach vorn. Dabei hält sie Vergangenheit und Zukunft zusammen in der Gegenwart, die du bist.

Henri-Louis Bergson (1859-1941) entwickelte den Intuitionismus weiter. Danach kann das menschliche Bewusstsein nicht von strengen Wissenschaftsmethoden erfasst werden, sondern man kann es nur erahnen.

Hinterfrage Bergson

Wie lange braucht ein Würfelzucker, um sich im Wasser aufzulösen?
Ist während des Experiments deine »innere« Zeit genauso schnell vergangen?

DIE IDEENWERKSTATT

John Dewey

Stell dir vor, du bist ohne Essen und Kleidung im Dschungel. Dann hättest du ein ziemliches Problem. Besser gesagt ... viele Probleme!

Doch John Dewey fände es toll. Denn für ihn ist jedes Problem ein Schatz, aus dem Ideen entstehen. Im Dschungel müsstest du etwas zum Anziehen erfinden und dir etwas zu essen suchen. Du müsstest dir die Zeit vertreiben und überlegen, wie du dich verteidigen könntest. So kämen dir unzählige Ideen, die du nie wieder vergessen würdest. Denn du allein hättest sie dir ausgedacht, weil du die Erfahrung dieser Probleme gemacht hast. Diese Erfahrung zählt laut Dewey mehr als ein Haufen Theorien. Wenn du also in der Schule den Stoff nur auswendig lernst, wirst du nie auf große Ideen kommen. Du lernst nur wirklich, wenn du in einem Fach die Probleme des Alltags erkennst, also beispielsweise eine Pflanze in die Sonne stellst und erlebst, dass sie wächst, so wie es im Biobuch steht.

Aber das ist nicht alles: Könntest du im Dschungel die Probleme nicht besser lösen, wenn du in Begleitung wärst? Auch für Dewey ist es mehr wert, etwas gemeinsam zu bewältigen. Wenn ihr in der Schule Gruppenarbeit macht, merkst du, wie unterschiedlich ihr alle seid und wie mühsam es ist, eine Übereinkunft zu treffen. Denn wenn ihr eure Ansichten vergleicht, seid ihr gezwungen, sie zu überdenken. Du merkst aber auch, wie überraschend das Endergebnis sein kann – und dazu haben alle beigetragen! Ganz demokratisch. Es ist schön, gemeinsam an denselben Zielen zu arbeiten. Wenn Ideen also aus Problemen entstehen und wir gemeinsam mehr und sogar bessere Ideen haben, dann ist das gemeinsame Denken wie eine große Werkstatt für gute Ideen!

John Dewey (1859-1952), amerikanischer Philosoph und Pädagoge, war der Vater des Instrumentalismus. Danach braucht man Ideen und Theorien, um zu handeln. Die Nützlichkeit einer Handlung bestimmt, wie wichtig sie ist.

Denk nach mit Dewey

Versuche zu erklären, was für dich Erfahrung ist. Dann versuche es zusammen mit anderen. Welche der beiden Erklärungen findest du besser?

Max Weber

Ein Mitschüler schreibt während einer Klassenarbeit ab. Wie verhältst du dich? Du weißt, dass Abschreiben nicht richtig ist. Daher sagst du es der Lehrerin.

Die Gesamtheit aller richtigen Verhaltensweisen nennen wir »Ethik«, und für Max Weber folgst du in diesem Fall der Absichtsethik: Deine Absichten sind gut, weil du eine ungerechte Sache anzeigst. Doch was sind die Folgen davon? Dein Mitschüler wird ermahnt und vielleicht bestraft. Später findest du heraus, dass er nicht lernen konnte, weil er seiner kranken Mutter helfen musste. Aber du denkst, dass das ja nicht deine Schuld ist: Deine Handlung ist richtig, der Mitschüler hat ja nicht gelernt.

Du könntest dich jedoch auch anders verhalten: Weil du dich für die Folgen verantwortlich fühlst, die dein Handeln haben könnte, sagst du der Lehrerin nichts, sondern redest stattdessen mit deinem Mitschüler.

In diesem Fall folgst du – laut Weber – der Verantwortungsethik. Du vermutest nämlich, dass – selbst wenn du gute Absichten hast – das Ergebnis nicht gut sein könnte. Sollte man sich also an Grundsätze halten, ohne an die Folgen zu denken? Oder sollte man vorhersehen, was geschehen könnte, unabhängig davon, ob der Grundsatz richtig ist? Leider ist es nicht so einfach herauszufinden, welche Tat die richtige ist. Denn wir alle deuten die Dinge so, wie wir sie gelernt haben, wie sie beispielsweise unserer Religion entsprechen und wie sehr andere Menschen unser Denken und Handeln beeinflussen. Du kannst der Lehrerin sagen, dass dein Mitschüler abgeschrieben hat, aber die Verantwortungsethik sagt dir, dass du die Folgen dieser Handlung vorher bedenken musst. Weil aus einer guten Absicht nicht notwendigerweise etwas Gutes folgt, wie du gerade gesehen hast.

Max Weber (1864-1920) war ein wichtiger Philosoph und Soziologe. Seine Verantwortungsethik besagt, dass wir nicht für unsere Absicht verantwortlich sind, die eine Handlung auslöst, sondern für die Folgen unserer Handlung.

Denk nach mit Weber

Erinnere dich an das letzte Mal, als du dich entscheiden musstest, welche Handlung richtig wäre: Welcher Ethik bist du gefolgt?

Bertrand Russell

Woher weißt du, dass die Welt real ist? Weil du die Dinge um dich herum sehen und anfassen kannst, wirst du antworten. Und auch andere sehen und berühren sie, so wie du. Aber wie erfährst du die Dinge, die du kennst?

Für Bertrand Russell lernst du sie durch die Erfahrung kennen, die du dank deiner Sinne machst: Deine Augen teilen dir beispielsweise mit, dass deine Frühstückstasse grün ist und eine bestimmte Form hat. Dass sie glatt ist und nicht rau, weißt du, weil du sie berührt hast. Diese Erfahrung hilft dir, dies auch später von der Tasse zu sagen, selbst wenn du sie nur ansiehst.

Aber wenn durch das Fenster ein Sonnenstrahl fällt und die Tasse trifft, merkst du, dass ihre Farbe auf einer Seite heller, auf der anderen dunkler wird. Wenn du die Tasse aus einer Ecke im Zimmer betrachtest, siehst du sie auf eine ganz bestimmte Weise. Doch wenn du dich woanders hinstellst, sieht sie anders aus, so als hätte sie beispielsweise keinen Henkel. Und wenn du näher rangehst oder weiter weg, wird die Tasse dir größer oder kleiner vorkommen. Wie ist die Tasse denn nun wirklich?

Du kannst die Tasse erfahren, sagt Russell, weil sie dir all diese Informationen gibt, wenn du sie ansiehst. Aber wenn du sie nicht siehst, existiert die Tasse dann immer noch? Für Russell kannst du das nicht wissen, weil du nicht wissen kannst, wie die Tasse *an sich* ist, also unabhängig davon, wie du sie siehst. Du kannst aber erwarten, dass sie dir dieselben Informationen jedes Mal liefert, wenn du sie aus dem Schrank holst. Mit »Wirklichkeit« meinen wir die Art, wie wir die Dinge durch unsere Erfahrung erleben. Dazu gehört auch die Sprache, mit der wir diesen Dingen Namen geben, die sie bezeichnen.

Bertrand Russell (1872-1970) entwickelte die Idee der Sprache als Darstellung der Wirklichkeit. Der Logiker und Philosoph befasste sich zudem mit politischen und moralischen Themen. Er verteidigte die Vernunft und die Meinungsfreiheit.

Denk nach mit Russell

Glaubst du, dass man etwas erfahren kann, ohne dessen Namen zu kennen?

SCHNELLER ALS DAS LICHT

Albert Einstein

Du hast bestimmt schon mal gerufen: »Ich bin schneller als das Licht!« Damit wolltest du ausdrücken, dass niemand so schnell ist wie du. Aber weißt du auch, wie schnell das Licht wirklich ist? Einstein hat herausgefunden, dass es pro Sekunde 300.000 Kilometer zurücklegt. Also in gut einer Sekunde zum Mond reist. So schnell kannst du nie sein, weil du anders gemacht bist als das Licht: Du bestehst aus Materie, denn du hast einen Körper. Und aus was besteht das Licht? Viele haben versucht, diese Frage zu beantworten.

Vor Einstein glaubte man, dass das Licht aus kleinen Teilchen bestände, die wie Geschosse aus einem Maschinengewehr kämen. Später entdeckte man, dass das Licht sich wellenförmig ausbreitet, so wie wenn du einen Stein ins Wasser wirfst. Aber welche dieser Theorien ist richtig? Ist das Licht nun wie Geschosse oder wie Wellen im Wasser? Für Einstein ist es beides! Wie soll das denn gehen?

Albert Einstein war nicht nur Wissenschaftler. Er war ein Wissenschaftsphilosoph und erkannte, dass das Licht in Energiepäckchen reist und sich wie eine Geschosssalve verhält, sobald es auf andere Teilchen trifft. Aber im Raum breitet es sich auch wie Wellen im Wasser aus. Also können zwei gegensätzliche Eigenschaften trotzdem beide wahr sein.

Einstein entdeckte auch, dass Masse sich in Energie umwandeln kann. Bei einer Kernreaktion – also bei der Spaltung eines Atomkerns – entsteht aus einer sehr kleinen Masse eine enorme Menge an Energie. Daher leuchtet ein Stern Milliarden Jahre: In ihm finden unendlich viele Kernreaktionen statt, sodass seine Energie im All erstrahlt.

Albert Einstein (1879-1955) war einer der berühmtesten Physiker und Wissenschaftler der Geschichte. Er ist vor allem für seine Relativitätstheorie berühmt. 1921 bekam er den Nobelpreis für Physik.

Mach's wie Einstein

Finde in der Welt zwei Dinge oder Aussagen, die total gegensätzlich, aber trotzdem wahr sind.

$E=mc^2$

Karl Jaspers

Wenn du dich bei etwas anstrengst und merkst, dass es dir trotzdem nicht gelingt, kann es dir so vorkommen, als sei deine Freiheit eingeschränkt. Du lernst, dass du mit gewissen, scheinbar unüberwindlichen Hindernissen rechnen musst. Karl Jaspers würde dich ermutigen, nicht aufzugeben. Denn nur wenn du es machst, es versuchst und dich für etwas entscheidest, kannst du frei sein.

Die Freiheit entsteht immer aus deinen Handlungen, deinen Entscheidungen und denen der anderen: Du entscheidest, etwas zu tun und etwas anderes nicht; du entscheidest auf die eine Weise und nicht auf die andere. Und in dieser Freiheit drückst du dich selbst aus. Allerdings kannst du dich darin auch verlieren, wenn dich beispielsweise die Angst lähmt, von einem hohen Sprungturm zu hüpfen, und du dich nicht entscheiden kannst, ob du springst oder nicht. Oder wenn du daran denkst, dass eines Tages deine Großeltern nicht mehr da sein werden und dieser Gedanke dich traurig macht: Du scheinst vor einer Wand zu stehen, die dir den Weg versperrt. Das passiert, weil das Leben nicht wie eine exakte mathematische Formel verläuft, sondern aus Möglichkeiten und Versuchen besteht. Zudem bist du nicht allmächtig, sondern hast wie alle Menschen Grenzen.

Was also tun? Versuche dir das Leben wie eine Reise auf dem Meer vorzustellen. Für Jaspers besteht immer die Gefahr, Schiffbruch zu erleiden, wegen all der Felsen und Stürme, die die Navigation erschweren und eine Grenze bilden. Aber du kannst den Schiffbruch verhindern, wenn du nicht die Augen verschließt und dich nicht den Wellen hingibst, sondern der Grenze ins Gesicht blickst.

Deshalb, so sagt es Jaspers, musst du den Kurs halten, auch wenn du das Ziel nicht kennst. Denn »die Wahrheit ist nicht unser fertiger Besitz, sondern unser Weg«[15].

Karl Jaspers (1883-1969) war Psychiater und Philosoph. Er hielt die Philosophie für eine »Existenzerhellung«, die ständig an ihre Grenzen stößt und sie gleichzeitig überwinden will.

Denk nach mit Jaspers

Du hast bestimmt schon mal eine deiner Grenzen überwunden. Was ist an dieser Grenze passiert? Ist sie verschwunden, oder ist sie weiter weggerückt?

José Ortega Y Gasset

Wer weiß, wie viele Bilder es in deinem Zuhause oder bei deinen Großeltern gibt. Und erst in den Museen und Kunstgalerien, wo unzählige davon hängen. Vielleicht gibt es unter all denen eins, das du besonders magst, weil es so leuchtende Farben hat oder weil es dich an einen ganz besonderen Ort erinnert. Wenn du jetzt die Augen schließt, erinnerst du dich bestimmt, was auf diesem Bild, das du so gut kennst, zu sehen ist. Aber erinnerst du dich auch an den Rahmen? Nicht, oder? Und doch stecken Bilder in Rahmen ... Wieso nur erinnern wir uns nicht an sie?

Ortega Y Gasset hat eine Erklärung für dieses Rätsel gefunden. Für ihn ist die Aufgabe des Rahmens sehr wichtig: Ohne einen Rahmen würde das Bild quasi an allen vier Seiten herausquellen und sich verlieren.

Das Merkwürdige aber ist, dass wir den Rahmen nur sehen, wenn kein Bild in ihm steckt. Macht er jedoch seine Arbeit, wird er unsichtbar. Das Bild, schrieb Ortega Y Gasset, ist wie eine imaginäre Insel, die jedoch nicht vom Meer umgeben ist, sondern von den Dingen, die im Raum sind: vom Fußboden, von den Menschen und auch von der Wand, an der es hängt. Und genau aus diesem Grund muss es etwas haben, das verhindert, dass es sich mit seiner Umgebung vermischt, etwas wie einen Rahmen, der nicht die Wand ist und auch nicht die Leinwand. Dieses Etwas macht das Bild erst zum Bild. Dann erst kann es sich selbst richtig ausdrücken, ohne mit den Dingen der umliegenden Welt zu verschmelzen.

José Ortega Y Gasset (1883-1955) war ein spanischer Philosoph. Er beschrieb den Menschen als ein Wesen, das zwischen Authentizität (es selbst sein) und der Masse (sich in der Welt verlieren) zerrissen wird.

Denk nach mit Ortega Y Gasset

Welcher Rahmen erlaubt dir, du selbst zu sein, sodass du dich nicht mit den andern um dich herum vermischst?

HOME, SWEET HOME!

Gaston Bachelard

Ich wette, du hast schon Hunderte Zeichnungen von Häusern gemacht! Mit und ohne Schornstein, mit Fenstern oder Balkon, mit flachem oder spitzem Dach. Bachelard beschäftigte sich in seinen Studien über die Poesie tatsächlich mit Häusern. Er wollte herausfinden, wie Gedichte unsere Fantasie anregen und warum manchmal die Worte von Dichterinnen und Dichtern so wie unsere eigenen klingen, als hätten wir sie selbst geschrieben. Wie kann das sein, wenn wir uns nicht mal kennen? Für Bachelard gibt es Fantasieräume, die allen gehören und die unser Herz berühren. Das Haus ist so ein Raum.

Wenn ein Dichter oder eine Dichterin uns also das Bild von einem Haus anbietet, sehen wir unser Zuhause vor uns, den Ort, wo wir aufgewachsen sind, und nicht *sein* Haus. Das passiert, weil unser Haus das erste Universum ist, in dem wir gelebt haben.

Wenn wir umziehen, versuchen wir, in dem neuen Haus genau so zu leben wie in dem davor, auch wenn es niemals so riechen wird und nicht dieselben Erinnerungen schaffen kann. Das Haus ist unser Zufluchtsort, der uns vor Unwettern schützt. Es ist das Nest, das unsere Gedanken hütet. Drinnen gibt es Treppen, die in den dunklen Keller führen oder auf den schummrigen Dachboden. Es gibt ein Wohnzimmer, die Zimmer von dir und deinen Geschwistern, deine Lieblingsecken, Schränke und Kommoden, in denen die Sachen sind, die nicht alle sehen sollen. Außerhalb ist die Welt, die du durch das Fenster erblickst. Vielleicht sind wir in uns selbst auch wie Häuser: Wir haben Treppen und Geheimfächer. Und wir haben eine Tür. Vielleicht steht sie offen, vielleicht ist sie geschlossen. Ein Dichter, schrieb Bachelard, hält sie immer angelehnt. Vielleicht fühlen wir uns deshalb wie zu Hause, wenn wir ein Gedicht lesen?

Gaston Bachelard (1884-1962) war ein französischer Philosoph, der sich mit der Poetik des Raums, des Traums, der Luft und des Feuers beschäftigte. Er glaubte, dass der Mensch mehr mit Bildern verbunden ist als mit Ideen.

Denk nach mit Bachelard

Zeichne dein Traumhaus. Erkennst du dich selbst in deinem Bild wieder?

DAS SPIEL DER SPRACHE

Ludwig Wittgenstein

Hast du je darüber nachgedacht, dass die Sprache wie ein Spiel ist? Für Ludwig Wittgenstein ist Sprache, wenn wir sie benutzen, wie ein Spiel mit Regeln.

Denk mal an Legosteine. Mit ihnen kannst du ein Haus bauen, ein Schloss oder ein Raumschiff ... Die Form der Steine, ihre Farben und die Art, wie du sie zusammensteckst, ergeben am Ende ganz verschiedene Dinge. Das passiert auch beim Spiel mit der Sprache, bei dem die Wörter, die auf eine bestimmte Art verbunden werden, dir unterschiedliche Sachen erzählen.

Wenn dein Vater dich mit strenger Stimme »Quälgeist« nennt, dann empfindest du das als Ermahnung; aber wenn er das lächelnd sagt, nimmst du es als liebevollen Scherz wahr, der euch zu Komplizen macht. So ist es auch mit all den Wörtern, die du täglich in der Schule, zu Hause und gegenüber deinen Freunden benutzt. Für Wittgenstein ist es, als hätte jedes Wort mehrere Leben, eines für jede Situation. Diese Eigenschaft kann uns etwas verwirren. Denn nur wenn wir die Wörter benutzen, finden wir ihre unterschiedlichen Bedeutungen heraus. Das Wort »Pferd« kann ein echtes galoppierendes Pferd meinen oder auch das Spielzeugpferd: Du benutzt das Wort anders, wenn du auf einem Reiterhof bist oder in einem Spielzeuggeschäft stehst.

Für Wittgenstein drückt ein Wort *allein* tatsächlich nicht alle seine möglichen Bedeutungen aus. Die Bedeutung hängt von dem ab, was du mit dem Wort sagen willst, und von der Art, wie du es sagst. Wenn du auf diese Weise die verschiedenen Bedeutungen und Gebrauchsarten eines Wortes herausfindest, werden auch deine Gedanken klarer. Dann kannst du deine Absichten genauer ausdrücken und die der anderen besser verstehen. Daher ist die Sprache wie ein Spiel: Nur wenn du damit spielst, kannst du sie verstehen und lernst, sie geschickt einzusetzen.

Ludwig Wittgenstein (1889-1951) war ein großer Sprachphilosoph. Er hat sowohl in einer Grundschule als auch an der Universität unterrichtet. Der Tractatus Logico-Philosophicus *ist sein wichtigstes Werk.*

Mach's wie Wittgenstein

Spiele mit deinen Freundinnen und Freunden Teekesselchen. Sucht so viele Teekesselchen wie möglich und klärt die verschiedenen Bedeutungen der Wörter.

VpF
VqF
FV
F

Martin Heidegger

Hast du dich mal gefragt, was du eigentlich auf der Welt machst? Sind wir in der Welt vielleicht nur Puppen, die in einen Korb geworfen wurden? Für Heidegger sind wir Menschen in die Welt *geworfen*, aber im Gegensatz zu den Puppen haben wir einen *Entwurf* von der Welt, also eine Idee.

Eine Puppe hat, wie jedes andere Objekt, keine Welt, weil sie einfach nur ein »Ding« ist. Du hingegen bist *in* der Welt, aber auch *offen* für die Welt. Die Dinge und Menschen, die dich umgeben, fordern dich ständig heraus und beanspruchen dich. Du reagierst auf diese Reize und verleihst ihnen damit einen Sinn. Genauso geben die anderen *dir* einen Sinn. Und nur du allein entscheidest, wie du deine Beziehung mit der Welt erlebst.

Es fällt dir vielleicht schwer, authentisch zu leben. Das heißt, du passt dich der Art an, wie alle leben, isst, was alle essen, ziehst das an, was alle tragen, hast Spaß mit dem, was alle machen, ohne jemals du selbst zu sein. Vielleicht gelingt es dir aber auch, authentisch zu leben, dich selbst auszudrücken, ohne dich irgendwelchen Moden anzupassen.

Und weil unser Leben nicht ewig dauert (denn wir alle werden geboren und sterben), wirst du irgendwann viel leichter erkennen, ob es sich lohnt, als authentischer Mensch zu leben oder nicht.

Martin Heidegger (1889-1976) war einer der größten Denker des 20. Jahrhunderts. Er beschäftigte sich mit der Frage nach dem Sinn des Seins für den Menschen und der Beziehung zur Welt, die ihn umgibt.

Denk nach mit Heidegger

Du und eine Schaufensterpuppe »seid« beide in der Welt, aber nur einer von euch beiden »hat« eine Welt um sich herum. Wer?

DER WIDERHALL DER TROMMEL

Edith Stein

Im Gespräch mit einer Freundin hast du bestimmt schon mal gemerkt, dass sie glücklich ist. Oder du hast auf dem Schulhof einen Jungen gesehen, der offensichtlich traurig war. In diesem Moment hast du gemeinsam mit ihm seine Traurigkeit gespürt. Dieses gemeinsame Spüren nennt man »Empathie«.

Edith Stein fragte sich, was »gemeinsam spüren« genau heißt. Bedeutet es vielleicht, dass die Traurigkeit deines Mitschülers auch deine wird? Ja, sicher. Empathisch zu sein ist, als ob du jemandem die Hand drückst und sie spürst, als wäre sie deine, obwohl du weißt, dass sie das nicht ist. Dank der Empathie, sagte Stein, können wir merken, dass die anderen nicht nur Wesen sind, die laufen, essen und schlafen, sondern Menschen mit Empfindungen und Gefühlen. Sie haben Angst, sind glücklich und werden manchmal wütend. Wir merken also, dass sie die gleichen Dinge spüren wie wir selbst auch.

Stell dir eine dröhnende Trommel vor. Ihr Ton kommt von außen, aber er »klingt in dir wieder«, du spürst ihn in deiner Brust oder in deinem Bauch. Bei der Empathie passiert etwas Ähnliches, nur dass das, was in dir widerhallt, das Gefühl eines anderen Menschen ist. Das kann auch mit Unbekannten passieren: Wir sehen jemanden auf einer Bank sitzen mit den Händen vorm Gesicht und begreifen, dass dieser Mensch verzweifelt ist. Wir können uns allerdings auch täuschen: Ein Mensch errötet, und wir denken, dass er sich schämt, aber wenn wir ihn aufmerksamer betrachten, finden wir heraus, dass er einfach nur wütend ist. Die Fähigkeit, Empathie zu empfinden, scheint also sehr wichtig zu sein: Meinst du, dass wir alle sie haben?

Edith Stein (1891-1942) konvertierte vom jüdischen Glauben zum Katholizismus und wurde dann Nonne. Sie befasste sich mit den möglichen Verbindungen zwischen Philosophie, Mystik und Religion. Sie wurde im Konzentrationslager Auschwitz ermordet.

Mach's wie Edith Stein

Wenn du jemanden triffst, versuche zu spüren, ob seine Gefühle in dir etwas auslösen.

Walter Benjamin

Wenn sich ein Kind bei Regenwetter vorstellt, dass sein Zimmer ein Piratenschiff ist, spielt es nicht nur. Benjamin wusste genau, dass es sich dann in einer Welt befindet, die anders ist als die Erwachsenenwelt. In seiner Welt ist das, was alle nur für einen Kleiderbügel halten, ein glänzendes Flügelpaar. Für die Erwachsenen muss jedes Wort, jeder Gedanke dort bleiben, wo alle glauben, dass sie hingehören. Erwachsene versuchen, alles vorherzusehen, was dazu führt, dass sie auf nichts mehr neugierig sind. So entgeht ihnen das Beste: die Farben, die Formen, die Töne, die uns überraschen, wenn wir es am wenigsten erwarten. Erwachsene verpassen diese Überraschung. Sie rennen auch nie einfach nur aus Lust am Rennen, so wie ein Kind. Sie rennen immer, um irgendwohin zu kommen.

Eines Tages, sagte Benjamin, wirst du über eine Schwelle aus deiner Welt in die Welt der Erwachsenen gelangen. Hinter diese Schwelle kannst du nicht mehr zurück. Allerdings kannst du noch eine gewisse Zeit auf ihr verweilen, bis du den Mut findest, sie zu überschreiten und von dem »Vorher« ins »Dann« zu treten. In dieser erwachsenen Welt verwandelt sich deine kleine Welt in ein magisches Nachschlagewerk voller zersplitterter Figuren aus deiner Kindheit, die dir für einen Moment wie Kristallglitzer erscheinen und die du versuchst, in der Gegenwart wieder zusammenzusetzen.

Und beim Blättern in diesem magischen Lexikon erinnerst du dich vielleicht an den einen Wunsch, den du mal der Fee in deiner kleinen Welt erzählt hast, und möglicherweise merkst du, dass er sich erfüllt hat!

Walter Benjamin (1892-1940) war Philosoph, Schriftsteller und Literaturkritiker. Für ihn verleiht die Sprache, die er als Ausdruck und nicht als Instrument versteht, den stummen Dingen eine Stimme.

Hinterfrage Benjamin

Nimm einen Gegenstand, den du in ein Spielzeug verwandelt hast, und zeige ihn einem Erwachsenen. Was sieht diese Person? Und was wirst du darin sehen, wenn du groß bist?

Herbert Marcuse

Welche Noten hast du im Zeugnis bekommen? In welcher Reihe stehst du bei einem Konzert eures Schulchors? Was ist deine Bestzeit im Schwimmen? Das sind ganz unterschiedliche Fragen, aber alle erzählen von dir und haben etwas gemeinsam: Die Antwort ist eine Zahl.

In unserer modernen Welt beschreiben solche Informationen einen Menschen, aber Marcuse war damit gar nicht einverstanden. Denn der Wert eines Menschen zeigt sich nicht in Zahlen.

Herbert Marcuse sagte, dass wir anhand von Zahlen urteilen, weil wir an das Leistungsprinzip glauben. Demnach müssen wir im Leben immer bessere Ergebnisse erzielen und in den Ranglisten in der Schule, im Sport und sogar bei den Hobbys immer weiter aufsteigen. So stehen wir ständig unter Druck, überall gute Ergebnisse bringen zu müssen. Doch wenn nach diesem Prinzip diejenigen gut sind, die sich anstrengen, sich Mühe geben und sich auch in ihrer freien Zeit aufopfern, was ist dann mit denen, die in ihrer Freizeit spielen, in die Sterne gucken oder nur zum Vergnügen singen? Einfach so, ohne Beurteilung! Auch diese Dinge sind wichtig und haben einen Wert, selbst wenn sie nicht zählen. Das ist genau der Punkt für Marcuse: Wenn du heutzutage singst, ohne dich zu messen, ist es, als ob du gar nicht singst. Stattdessen sollten wir uns vom Wettbewerb befreien und Dinge tun, die uns Freude machen.

Vielleicht kannst du dir eine Welt vorstellen, in der alle für das, was sie sind, wertvoll sind – nicht wegen der Zahlen, die sie erreichen. Dann könnten wir neu anfangen, aus reiner Freude am Schaffen, Ausdenken und Erfinden. Vielleicht würde man dich in so einer Welt nicht mehr als Erstes nach deinen Schulnoten fragen, sondern ob dir der Unterricht gefallen hat und warum.

Herbert Marcuse (1898-1979) war Philosoph und Soziologe. Er kritisierte die fortschrittliche Gesellschaft, die die Menschen im Käfig des Konsums einsperrt, in dem alle die gleichen Dinge wollen.

Denk nach mit Marcuse

In einer Schule ohne Noten bekämst du keine Sechs, aber auch nie eine Eins. Denkst du, das würde funktionieren? Warum?

AUCH DIE GESCHICHTEN LESEN UNS

Hans-Georg Gadamer

Magst du lieber Fantasy-, Abenteuer- oder Horrorgeschichten? Oder Mangas? Egal, welches Genre du am liebsten hast: Sobald du dich in einem Buch versenkst, findest du einige Sachen besonders spannend, und manche Figuren magst du lieber als andere. Weißt du, warum das passiert? Weil du die jeweilige Geschichte deutest. Deine Ansichten, deine Erfahrungen, der Ort, an dem du aufgewachsen bist, all das bewirkt, dass du der Geschichte eine bestimmte Bedeutung gibst.

Die Geschichte liest aber auch dich, während du sie liest, sagt Hans-Georg Gadamer. So entsteht zwischen euch eine Unterhaltung. Aber wie kann eine Geschichte dich lesen? Die Geschichte, die dir begegnet, vermischt sich mit deinem Leben. Durch das, was sie dir erzählt, denkst du an das, was du bist. Während du liest, stellst du dir Fragen wie »Was will diese Geschichte sagen?« oder »Warum hat die Heldin das getan?« Deinem Freund oder deiner Freundin wird die Geschichte ganz andere Dinge erzählen. Ihr werdet denken, dass euer eigener Standpunkt der richtige ist, dass es der einzig mögliche ist und daher wahr sein muss. Und ihr habt beide recht. Denn dein Standpunkt und der deiner Freundin sind Teil von euch, und ihr könnt euch nicht davon trennen, denn sonst wärt ihr nicht mehr ihr selbst.

Gadamer hat gezeigt, dass es einen Dialog zwischen dir und den Geschichten gibt: Wenn du liest, fügst du ein Stückchen von dir hinzu. Aber auch die Geschichten lesen dich, weil sie dir sagen, wie und wer du bist. Durch den Vergleich mit deinen Freunden kannst du erfahren, dass es andere Perspektiven gibt. So lernst du, sie anzunehmen, auch wenn sie sich von deinen unterscheiden. Die fremden Perspektiven ermöglichen es dir, dich anderen möglichen Wahrheiten zu öffnen.

Hans-Georg Gadamer (1900-2002) war der Hauptvertreter der Hermeneutik. Diese Methode beruht auf dem Dialog. Sein »hermeneutischer Zirkel« lehrt, sich die eigenen Vorurteile bewusst zu machen und offen für die Auseinandersetzung mit anderen zu sein.

Mach's wie Gadamer

Sieh dir zusammen mit deinen Freunden einen Film an, dann sprecht darüber. Redet ihr von demselben Film?

DER ZAUBERLEHRLING

Günther Anders

Kennst du die Geschichte vom Zauberlehrling, der seinem Lehrer eine magische Formel stiehlt, um einen Besen in seinen Diener zu verwandeln? Irgendwann befiehlt er dem Besen, Wasser aus dem Brunnen zu holen und damit die Badewanne zu füllen. Die Dinge werden kompliziert, als der Lehrling den Besen nicht mehr stoppen kann, der immer mehr Wasser holt, bis die Wanne überläuft. Alle Versuche nützen nichts: Der Besen gehorcht wie ein Roboter dem Befehl. Er kann aber nicht von selbst aufhören, weil der Lehrling die Folgen seines Handelns nicht kennt. Zum Glück geht alles gut aus: Der verzweifelte Junge bittet seinen Zauberlehrer um Hilfe, der alles wieder in Ordnung bringt.

Für Günther Anders besteht die Menschheit heute aus vielen Zauberlehrlingen, die eine »Armee aus Besen« erschaffen haben: die Maschinen und Roboter, die an unserer Stelle arbeiten, also all die Technologien, die uns umgeben. Die Menschen sind glücklich, weil sie sich einbilden, dass sie alles unter Kontrolle haben. Aber falls sie irgendwann diesen Zustand ändern wollten, wird es keinen Meister geben, der ihnen zu Hilfe kommt.

Die Menschen sind so gefangen von dieser Magie, dass sie nicht mehr darüber nachdenken, ob das, was gerade geschieht, richtig oder falsch ist. Sie wollen nur einen Knopf drücken, um zu sehen, ob das passiert, was passieren soll. In Wahrheit sind sie die Verzauberten: Sie sind an diese magischen Besen gewöhnt und können sie nicht mehr aufhalten. Deshalb fragte sich Anders nicht, was wir mit der Technik machen, »sondern was die Technik aus uns gemacht hat und machen wird.«[16]

Günther Anders (1902-1992) warnte vor der Technologie. Er meinte, dass das, wozu wir technisch in der Lage sind, uns entgleiten wird, weil wir die Folgen nicht überblicken können.

Denk nach mit Anders

Du siehst auf dem Tablet einen Film und kannst das Video nicht anhalten. Wie fühlst du dich, wenn du die Kontrolle über etwas verlierst, von dem du glaubst, dass du es beherrschst?

DER SCHWARZE SCHWAN

Karl Popper

Du hast bestimmt schon mal Schwäne im Park beobachtet. Welche Farbe hatten sie? »Weiß«, wirst du sagen. Also scheint die Aussage richtig, dass alle Schwäne der Welt weiß sind. Aber was, wenn es auch Schwäne in einer anderen Farbe gibt? 1697 reiste der niederländische Seefahrer Willem de Vlamingh nach Australien, wo er schwarze Schwäne entdeckte. Und trotzdem sind die, die du im Park oder vielleicht auch in einem Buch gesehen hast, alle weiß.

Karl Popper sagte, wenn wir glauben, dass eine Sache wahr ist, nur weil wir sie oft gesehen haben, dann können wir uns irren. Wenn wir viele weiße Schwäne sehen, könnten wir glauben, dass alle Schwäne weiß sind. Doch sobald wir einem schwarzen Schwan begegnen, können wir nicht mehr behaupten, dass alle Schwäne weiß sind. Das Außergewöhnliche daran ist, dass *ein* schwarzer Schwan ausreicht, um unsere Ansichten über Schwäne zu ändern. Die Geschichte mit den Schwänen ist sehr wichtig. Sie zeigt uns, dass das, was wir nicht wissen, mehr zählt als das, was wir wissen. Aber wenn es nicht ausreicht, etwas viele Male gesehen zu haben, wie können wir dann wissen, ob es wahr ist oder nicht? Nach Popper können wir es nicht wissen, weil es kein sicheres Wissen gibt.

Wir müssen spekulieren, also annehmen, dass etwas mit großer Wahrscheinlichkeit wahr ist. Wenn wir bedenken, dass es keine absoluten Gewissheiten gibt, müssen wir also immer bereit sein, über unsere Vermutungen zu diskutieren, uns von vermeintlichen Tatsachen zu befreien und die Wahrheit zu suchen.

Karl Popper (1902-1994) entwickelte die Theorie der Falsifikation. Anstatt unsere Annahmen zu bestätigen, müssen wir das suchen, was sie widerlegen könnte.

Denk nach mit Popper

Überlege, wann du entdeckt hast, dass eine Sache anders war, als du es geglaubt hast. Wie hat das auf dich gewirkt?

Maria Zambrano

Ganz gleich, in welchem Teil der Erde du lebst, vermutlich magst du dein Land, vor allem, weil du dort geboren wurdest. Deshalb nennst du es »Heimat«. Doch Millionen von Menschen müssen ihre Heimat verlassen, obwohl sie sie lieben. Aber vielleicht denkst du nicht besonders oft daran, weil es dich nicht betrifft.

Maria Zambrano hingegen, die ihre Heimat Spanien aus politischen Gründen verlassen musste, sagte, dass es dich trotzdem etwas angeht. Und zwar sehr viel mehr, als du glaubst. Kannst du dir vorstellen, von *allem* fortgerissen zu werden? Also nicht nur von deiner Familie und deinen Freunden, sondern auch von deinen Gewohnheiten, Orten, Dingen und sogar den Worten, die du kennst. Zambrano erzählte, dass man sich dann so allein fühlt wie ein Floß, das untergeht. Man hat nichts mehr als das eigene Leben und ist nichts mehr als eine Person, die neu geboren werden muss.

Wir alle sind einmal geboren worden, auch du. Oft führen wir unser Leben so, als müssten wir ein Ziel erreichen oder so werden wie die Vorbilder in unserer Gesellschaft, denen wir folgen sollen. Aber Zambrano sagte, dass wir gerade deshalb Menschen sind, weil wir keinen festgelegten Wegen folgen. Wir können uns immer wieder neu »erschaffen«, auch wenn wir dafür alles hinter uns lassen und neu anfangen müssen. Oft vergessen wir das. Aber die, die aus ihrer Heimat flüchten müssen, wissen es, denn sie machen notwendigerweise eine Wieder-Geburt durch. Wir sollten uns immer daran erinnern, dass wir uns jeden Tag neu erfinden können.

Maria Zambrano (1904-1991) war eine spanische Philosophin. Für sie sollte die Philosophie nicht nur alte Ideen wiederholen, sondern mit dem Leben und den Erfahrungen jedes Einzelnen verwoben werden.

Mach's wie Maria Zambrano

Stell dir vor, du müsstest etwas aufgeben, woran du gewöhnt bist, und dafür etwas Neues finden. Wie fühlst du dich dabei?

Jean-Paul Sartre

Kennst du das, wenn du etwas verkehrt machst und dich schämst? Wenn du vielleicht einen Elfmeter verstolperst oder eine Freundin dich beim Herumschnüffeln erwischt? Du wirst rot und lässt den Kopf hängen, oder du erstarrst und möchtest in einem Mauseloch verschwinden.

Für Jean-Paul Sartre hat die Scham etwas ganz Besonderes. Wenn du allein in deinem Zimmer bist und etwas tust, was du nicht machen solltest wie popeln, dann schämst du dich sicher nicht. Wenn du einen Strumpf mit einem Loch anziehst, ist es dir egal, weil man das Loch im Schuh ja eh nicht sieht.

All das ändert sich jedoch, wenn jemand plötzlich in dein Zimmer platzt und dich mit dem Finger in der Nase erwischt oder wenn die anderen in der Umkleidekabine deinen durchlöcherten Strumpf sehen. Wir schämen uns nicht, wenn wir allein sind, aber in Gesellschaft anderer schon. Wenn jemand dich beim Popeln erwischt, hast du nämlich Angst, dass du dann nur noch »der Popler« bist oder »die mit dem Loch im Strumpf«. Und das willst du auf gar keinen Fall.

Für Sartre verhält es sich mit Menschen und Gegenständen völlig verschieden: Niemand kann mit nur einem Blick beurteilen, wer du bist, so wie wir es bei einem Tisch oder Stuhl machen, den wir kurz ansehen und dann beschreiben können. Natürlich können wir Geschehenes nicht rückgängig machen, das erleben wir alle einmal. Aber so ein Missgeschick sagt nichts darüber aus, wer du bist. Du bist nämlich ein Mensch, und tausend Worte reichen nicht aus, um dich zu beschreiben. Nicht einmal die Summe aller Dinge, die du in deinem bisherigen Leben gemacht hast, die du machst und die du noch machen wirst, reichen aus, um deine Identität festzulegen.

Jean-Paul Sartre (1905-1980) war ein französischer Philosoph und Schriftsteller. Verantwortung und freie Wahl waren für ihn sehr wichtig. Er hielt es für unabdingbar, dass alle Menschen sich engagieren und an den Vorgängen in der Welt teilnehmen.

Hinterfrage Sartre

Stell dich vor den Spiegel und – *pst!* – steck den Finger in die Nase.
Schämst du dich oder nicht?

Emmanuel Lévinas

Warum schreien wir manchmal im Streit unserem Gegenüber entgegen: »Ich will dein Gesicht nicht mehr sehen«? Für Emmanuel Lévinas ist das Gesicht ein ganz besonderer Teil des Körpers. Vor allem ist es der einzige, den wir in unserer Kultur nicht bedecken wie Arme, Füße oder Bauch. Am Gesicht erkennt man uns nämlich. Es gehört immer zu einem bestimmten Menschen, unmöglich, es nicht jemandem zuzuordnen. Sobald du vor einem Gesicht stehst, passiert etwas Gewaltiges: Wenn du die Person ansiehst, mit der du gestritten hast, ist es, als ob sie ohne Worte, allein mit ihrem Gesichtsausdruck sagt: »Ausgerechnet *du* willst mir wehtun?« Daher möchtest du diese Person nach einem Streit nicht mehr sehen: Du weißt, wenn eure Blicke sich treffen, müsstest du dein Verhalten ändern.

Für Lévinas geschieht etwas Ähnliches, selbst wenn du in das Gesicht eines Unbekannten siehst. Du merkst nämlich, dass es dich »be-trifft«, weil dich der Blick des Anderen trifft.

Wenn beispielsweise ein Obdachloser auf dem Bürgersteig sitzt, kannst du einfach vorübergehen. Aber wenn du ihn anblickst, scheint sein Gesicht dich um etwas zu bitten, und es zwingt dich, an ihn zu denken, selbst wenn du ihn gar nicht kennst.

Das Gesicht des anderen Menschen erinnert dich, dass es nicht nur dich allein gibt und dass du ohne einen Anderen, der dich ansieht, überhaupt nicht existieren würdest. Und wenn der oder die Andere dich innerlich verwirrt, bedeutet das, dass er oder sie etwas in dir auslöst.

Der französisch-litauische Philosoph und Schriftsteller Emmanuel Lévinas (1906-1995) hielt das Thema des Anderen für grundlegend. Denn die Identität eines Individuums kann nur durch die Anerkennung, die es von anderen Personen erhält, festgelegt werden.

Mach's wie Lévinas

Versuche, einer Freundin etwas Persönliches am Telefon oder im Chat zu sagen. Dann versuche, ihr das Gleiche ins Gesicht zu sagen. Was ändert sich? Warum?

DIE BANALITÄT DES BÖSEN

Hannah Arendt

Denke an jemanden, der dir etwas Schlimmes getan hat, der etwas von dir kaputt gemacht hat oder dich vor allen anderen gehänselt hat. Würdest du sagen, dass dieser Mensch böse ist? Vielleicht denkst du darüber nach und kommst zu dem Schluss, dass echte Bösewichte doch anders sind. Vielleicht fallen dir ein paar nicht gerade zimperliche Halunken aus Filmen oder Büchern ein.

Leider existiert das Böse auch in der realen Welt. Auch reale Menschen sind böse und zu schrecklichen Taten fähig, nicht nur die dreiköpfigen Monster mit Schlangenhaaren. Menschen, die aussehen wie du und ich. Wie können wir die Bösen also von den anderen unterscheiden? Hannah Arendt wollte verstehen, woher das Böse kommt, und hat deshalb die Persönlichkeit eines Mannes untersucht. Er war mitverantwortlich für eines der grausamsten Verbrechen der Geschichte, den Holocaust. Aber je länger Arendt den Mann beobachtete und ihm zuhörte, umso weniger fand sie etwas Merkwürdiges in ihm. Wie kann eine Person »normal« sein, die solche unmenschlichen Taten vollbracht hat? Hannah Arendt merkte, dass wir das Böse nicht in der Tiefe suchen sollten. Der Ursprung des Bösen, die wahre Schuld der Bösewichte, liegt nicht in der Frage, was sie tun. Sie tun es einfach. Ihre Schuld liegt darin, nicht mit sich selbst zu reden. Hast du schon mal mit dir selbst geredet, so als würden zwei Personen in dir stecken? Du fragst dich selbst, ob du etwas tun oder lassen sollst, und dein anderes Ich antwortet dir. Du erwiderst etwas, und am Ende findet ihr eine Lösung.

So ein »innerer Dialog« bedeutet denken und ist ganz normal. Unverzeihlich ist jedoch, dieses Gespräch nicht zu führen. Denn wenn du nicht mit dir selbst redest, kann es sein, dass du alles tust, auch die schrecklichsten Dinge. Das Böse kann dann plötzlich aus dir herausbrechen wie ein Pilz, der ohne Wurzeln wächst und sich überall ausbreitet.

Hannah Arendt (1906-1975), Philosophin und Journalistin, befasste sich mit der Politik. Sie dachte, dass unser Interesse am gemeinschaftlichen Leben, also die Öffentlichkeit, uns wahrhaft zu Menschen macht.

Mach's wie Hannah Arendt

Wie oft redest du »innerlich« mit dir selbst? Wenn du und dein anderes Ich nicht einer Meinung seid, was passiert dann?

FRAU WIRD MAN

Simone de Beauvoir

Wer deckt bei euch den Tisch und räumt die Wohnung auf? Vermutlich mal deine Mutter und mal dein Vater. Vor 50 Jahren wäre die Antwort immer nur eine gewesen: die Mutter. Dahinter stand die ungerechte Ansicht, dass Frauen weniger wert wären als Männer. Frauen und Männer sind jedoch gleichwertig, weil beide mit Verstand ausgestattet sind und auf die gleiche Art denken können.

Dies lag Simone de Beauvoir sehr am Herzen, daher schrieb sie ein Buch darüber. Es war ein Weckruf für alle Frauen der Welt und besagte: »Man kommt nicht als Frau zur Welt, man wird es.«[17] Und was bedeutet das? Die Tatsache, dass manche Menschen als Mädchen geboren werden, heißt nicht, dass sie zwangsläufig gehorsame, schweigende Ehefrauen und Mütter werden müssen, nur weil das für die Gesellschaft früher mal richtig war. Frauen können, genauso wie Männer, selbst entscheiden, wer sie im Leben sein wollen. Denn wenn wir auf die Welt kommen, ist niemals festgelegt, wer wir in Zukunft sein werden. Simone de Beauvoir entschied sich, Schriftstellerin und Philosophin zu werden, auch wenn das mühevoll war. Zu jener Zeit entschieden sich nicht viele Frauen für diese Berufe. Darüber hinaus heiratete sie nie und hatte auch keine Kinder. Das alles bedeutet natürlich nicht, dass eine Frau, die arbeitet, nicht auch Ehefrau und Mutter sein kann. Ganz gleich, wer und was sie auch ist, wichtig ist, dass nur sie selbst entscheidet, was sie für sich will.

Hier geht es also um die Freiheit, ein Recht, das zur Zeit von Simone de Beauvoir für die Frauen noch nicht selbstverständlich war. Leider ist es das auch heute manchmal noch nicht.

Simone de Beauvoir (1908-1986) war eine französische Philosophin und Schriftstellerin. Sie legte viel Wert auf die Freiheit und das gesellschaftliche Engagement. Sie war eine wichtige Feministin und revolutionierte die Welt der Frauen, indem sie die Frauen aufforderte, das eigene Leben selbst zu gestalten.

Mach's wie Simone de Beauvoir

Befrage deine Oma und deine Mutter:
Haben sie Nachteile gehabt, nur weil sie Frauen sind?

On ne
nait pas
femme
On le
devient

Maurice Merleau-Ponty

Denkst du manchmal an deinen Körper? Vielleicht denkst du an ihn, wenn du dir den Finger in der Schublade klemmst oder dein Magen knurrt.

Diese Empfindungen gehören zu deinem Organismus. Dein Körper ist, nach Maurice Merleau-Ponty, jedoch viel mehr als dein Organismus. Stell dir vor, du kommst zum Augenarzt. Wenn eure Blicke sich kreuzen, entsteht eine Beziehung zwischen euch; es ist der »Leib«, der diese Beziehung aufbaut. Wenn der Arzt hingegen dein Auge untersucht, ist dieses nur ein Organ, das keine Beziehung zur Welt hat. Merleau-Ponty nannte den Körper »Leib«, wenn er mit der Lebenswelt in Beziehung steht. Der Körper ist jedoch ein Organismus, wenn er zu einer Sache in der Welt wird.

Die Lebenswelt hinterlässt Spuren auf deinem Körper. Das sind alle Erfahrungen, die du machst und die sich mit der Zeit in dir festsetzen.

Darum ist dein Körper nicht etwas, das du besitzt, so wie ein Kleidungsstück, sondern er ist das, was du *bist*. Deine Gedanken könnten nicht entstehen, wenn du nicht in diesem Leib wärst, der mit der Welt verwoben ist. Durch dieses miteinander Verwobensein bekommen die Dinge die Bedeutung, die du ihnen zuweist. Wenn du dich während eines Gewitters mit angezogenen Beinen und eingezogenem Kopf im Schrank versteckst, verwandelst du den Schrank von einem Möbelstück in eine Schutzhütte, die dich vor deinen Ängsten bewahrt. Alle Dinge in der Welt bekommen die Bedeutung, die dein Leib ihnen gibt.

Maurice Merleau-Ponty (1908-1961) dachte, dass unser Ich mit unserem Körper übereinstimmt. Dieser »öffnet« eine Welt, im Unterschied zu allen Dingen, die einfach in der Welt »sind«. Das heißt, der Körper erlaubt uns, die Welt zu leben und ihr eine Bedeutung zu geben.

Denk nach mit Merleau-Ponty

Wie ist es, wenn du erschöpft bist? Sagst du »Ich bin erschöpft« oder »Ich habe einen erschöpften Körper«?

Claude Lévi-Strauss

Was ist dein Lieblingsessen? Magst du lieber gekochte Lebensmittel oder rohe? Das scheint Geschmackssache zu sein, aber für Lévi-Strauss verrät die jeweilige Vorliebe unsere Art zu denken. Das, was wir essen und wie wir es zubereiten, spiegelt nämlich die Gesellschaft, zu der wir gehören. Ernährung ist also eine kulturelle Tatsache und hat wie die Sprache eine eigene Grammatik. Wenn du beispielsweise in ein äthiopisches, japanisches oder mexikanisches Restaurant gehst, wirst du merken, wie unterschiedlich die Lebensmittel zubereitet, gekocht und auch gegessen werden.

In den Mythen aus aller Welt gibt es ausnahmslos das Feuer. Denn das Feuer erlaubte den Menschen das Kochen, stellte Lévi-Strauss fest. Durch das Kochen entstand schließlich die Kultur. Im Gegensatz zu den Tieren, die nicht kochen, haben die Menschen durchs Kochen angefangen, gemeinsam zu essen und dabei Ideen auszutauschen. So sind sie aus ihrem wilden Urzustand herausgekommen. Aber auch ein rohes Gericht, das nahe an der Natur ist, wie Salat, ist eine Form von Kultur. Schließlich wird er gewaschen, geschnitten und mit einem Dressing angemacht. Beim Kochen nutzen wir das Feuer auf verschiedene Arten: Beim Grillen rösten wir die Lebensmittel von außen. So ist es nahe an der Natur, weil es direkten Kontakt mit der Glut hat. In Wasser gekochte Lebensmittel sind näher an der Kultur, weil wir fürs Kochen einen Topf benötigen. Was hat das alles mit der Philosophie zu tun, fragst du dich? Tja, sehr viel! Warum essen einige Menschen kein Fleisch? Und warum sollten wir lieber Obst und Gemüse aus unserer Region essen? Wir brauchen auch für Lebensmittel eine Grammatik. Denn während Tiere fressen, teilen sich die Menschen beim Mittag- oder Abendessen die Mahlzeiten, sodass das Essen nicht nur eine nährende Funktion hat, sondern auch eine soziale.

Claude Lévi-Strauss (1908-2009) war ein wichtiger Anthropologe, der die Sitten und Gebräuche der Menschen untersuchte. Er entdeckte geistige Strukturen, die in allen Menschen, unabhängig von ihrer Kultur oder Herkunft, angelegt sind.

Denk nach mit Lévi-Strauss

Welche andere handwerkliche Tätigkeit stellte, neben dem Kochen, einen Fortschritt in der Menschheitsgeschichte dar?

The Raw and

Simone Weil

Wenn deine Lehrerin dich ermahnt, du sollst aufpassen, schreckst du hoch, weil du gerade an etwas anderes gedacht hast. Aber du versuchst dich zu konzentrieren und strengst dich an.

Doch hilft dir diese Anstrengung wirklich, aufmerksam zu sein? Für Simone Weil erreicht man wahre Aufmerksamkeit nicht dadurch, dass man aufmerksam sein will. Es ist die Freude am Lernen, die dich motiviert, aufmerksam zu sein. Hast du Spaß am Lernen, wird es für dich so normal sein wie atmen. Wie lernen wir solche Aufmerksamkeit? Vor allem sollten wir es nicht eilig haben, sondern müssen in aller Ruhe abwarten können, so wie wir es bei ganz wichtigen Dingen auch tun.

Stell dir vor, du bist an einem Ort mit vielen Leuten. Es ist laut und alle reden durcheinander: Du musst dich sehr anstrengen, um zu begreifen, was um dich herum passiert. Jetzt stell dir vor, du bist an einem ganz ruhigen Ort. Schiebe alle Gedanken und alles, was du schon weißt, beiseite. Schaffe Platz für neue Gedanken und neue Dinge, die du lernen willst. Du wirst merken, wie viel mehr du in ruhigen Momenten verstehst, und das ohne große Anstrengung.

Aufmerksamkeit nützt uns nicht nur in der Schule, sondern auch im Leben. Aufmerksamkeit hilft uns, Gut von Böse zu unterscheiden. Wenn wir abgelenkt sind, kann es sein, dass wir in der Eile einen bösen Gedanken übernehmen. Sind wir hingegen aufmerksam, fällt uns die Unterscheidung zwischen Gut und Böse sehr viel leichter. Für Simone Weil verhindert die Aufmerksamkeit, dass wir dem Bösen auf den Leim gehen. Daher sind zehn aufmerksame Minuten mehr wert als zwei Stunden Unaufmerksamkeit.

Simone Weil (1909-1943) war in ihrem kurzen Leben Philosophin, Arbeiterin, Bäuerin und Partisanin. Ihre Überlegungen drehten sich um die Gerechtigkeit und den Respekt gegenüber der menschlichen Würde.

Hinterfrage Simone Weil

Widme dich zehn Minuten mit der Aufmerksamkeit, von der Simone Weil spricht, einer schwierigen Aufgabe. Auch wenn du sie so schnell nicht lösen kannst, wirst du merken, dass die Zeit nicht vergeudet ist!

Marshall McLuhan

Vor der Erfindung von Auto, Flugzeug und Hochgeschwindigkeitszug konnte eine Reise Monate dauern. Um mit jemandem aus unserer Stadt oder in einem weit entfernten Land zu kommunizieren, mussten wir das Haus verlassen oder einen Brief schreiben. Heute hingegen können wir ständig mit jemandem reden oder Nachrichten schicken, sogar mit einer Freundin in Australien, so als wären wir im selben Raum. Für McLuhan hat die Technologie aus der Welt ein einziges Dorf gemacht. Er nannte es das »globale Dorf«, in dem wir alles über alle wissen. Trotzdem ist die Erde nicht kleiner geworden, und die Entfernung von dir bis zu den Pyramiden ist immer noch dieselbe wie vor tausend Jahren.

Marshall McLuhan meinte, dass der menschliche Körper sich gewissermaßen ausgeweitet hat, so als ob wir jetzt längere Gliedmaßen hätten: eine Fernbedienungshand, mit der wir direkt nach Ägypten oder Hollywood zappen, und vor allem eine Handyhand. Sieh dich mal um: Im Supermarkt, auf der Straße, im Zug oder im Wartezimmer beim Arzt haben alle immer ihr Smartphone in der Hand. Damit reden, chatten, spielen, lesen, lernen sie oder hören Musik. Als wären die Smartphones an ihren Händen festgeklebt! Die Menschen tragen damit ihr Leben in der Hosentasche, weil die Welt scheinbar tragbar geworden ist.

Natürlich gibt es in einer technologischen Welt auch viele Vorteile, weil Zeit gespart und Raum überwunden wird. Aber mit einem Freund zu chatten ist bestimmt nicht das Gleiche, als wenn du ihm leibhaftig gegenübersitzt, und ein Umarmungs-Emoji ist nicht so schön, wie ihn in echt in die Arme zu nehmen.

Marshall McLuhan (1911-1980) war ein kanadischer Philosoph, der die Kommunikationstechnologien untersuchte und dabei herausfand, wie der Einfluss der Medien das menschliche Miteinander verändern kann.

Denk nach mit McLuhan

Erinnere dich an deine letzte Reise: Wenn du sie vor 300 Jahren gemacht hättest, wie wäre sie verlaufen?

Roland Barthes

Hast du mal darüber nachgedacht, warum Menschen überall auf der Welt und in jedem Alter weinen? Vermutlich weinen genau in diesem Moment Millionen. Am Tag deiner Geburt hast du geweint, und vielleicht weinte im selben Moment auf der anderen Seite der Erdkugel auch ein 100-jähriger Herr. Aber warum weinen wir? »Wir weinen, wenn wir traurig oder wütend sind oder wenn wir uns wehgetan haben«, wirst du sagen. Das stimmt, deshalb weinen wir auch. Aber Roland Barthes kannte noch mehr Gründe. Für ihn sind Tränen Zeichen, die etwas bedeuten, wie Worte, ein Bild oder eine Geste. Weinen ist also eine Art, etwas auszudrücken, nur eben mit Tränen.

Manchmal weißt du nicht, wie du jemandem sagen sollst, dass es dir leidtut, und statt zu reden, brichst du in Tränen aus. In bestimmten Situationen setzt du das Weinen aber auch mit Absicht ein, um leichter das zu bekommen, was du dir wünschst. Dann gibt es Momente, in denen du weinen möchtest, aber du schämst dich, also hältst du die Tränen zurück. Sie bleiben in deinen Augen, wie in einem Glas, das bis zum Rand gefüllt ist, anstatt wie ein Fluss aus dir hervorzubrechen.

Wenn wir weinen, kennen wir den Grund dafür. Wir wenden uns damit immer an jemanden, so als wollten wir ihm beispielsweise sagen: »Ich bin traurig.« Aber wir benutzen nicht Worte, sondern unsere Tränen als Zeichen dafür.

Natürlich kann es auch passieren, dass du allein in deinem Zimmer weinst und nicht mal weißt, warum. Jedenfalls scheint es dir so. Und was bedeutet das? In diesem Moment sind – laut Barthes – deine Tränen Worte, die du nur dir selbst sagen willst.

Roland Barthes (1915-1980) war ein französischer Philosoph und Semiologe, der also die menschliche Sprache und die Zeichen erforschte. Er untersuchte das Verhältnis zwischen einer allgemeingültigen Sprache und der individuellen Sprache einer Einzelperson.

Denk nach mit Barthes

Wie war es, als du das letzte Mal geweint hast.
Was haben deine Tränen gesagt? Mit wem haben sie gesprochen?

Giorgio Colli

Du hast die Eltern eines Freundes kennengelernt, und plötzlich verstehst du Dinge an deinem Freund, die du vorher nicht kapiert hast? Das geschieht mit allem: Das Wissen, woher etwas kommt, also seinen Ursprung zu erfahren, bringt uns Dinge und Menschen näher.

Das dachte Giorgio Colli und suchte den Ursprung der Philosophie, um sie besser zu verstehen. Er ging dabei nicht nur bis zu ihrer Geburt zurück, sondern sehr viel weiter. Er suchte nach dem, was vor der Entstehung der Philosophie war. Weil das Wort »Philosophie« »Liebe für das Wissen« bedeutet (der Begriff setzt sich aus den griechischen Wörtern *filèin* für »lieben« und *sofia* für »Wissen« zusammen), überlegte er, dass dieses Wissen schon dagewesen sein musste. Dort wollte er also anfangen.

Vor den Philosophen gab es die Weisen. Man nannte die Menschen weise, die sich durch geheimnisvolle, fast orakelhafte Formeln ausdrückten, wie »Man kann nicht zweimal in denselben Fluss steigen«[18] oder »Unsichtbare Harmonie ist stärker als sichtbare«[19]. Solche Sätze sind schwer zu deuten. Auf der einen Seite scheinen sie etwas Tiefes und Wichtiges sagen zu wollen, werden aber auf der anderen Seite überhaupt nicht erklärt. Die Philosophie entstand durch die Menschen, die sich mit solchen Sätzen nicht zufriedengaben. Im Gegensatz zu den Weisen suchen Philosophen nach Erklärungen für die Ideen, die sie für wahr halten. Die Philosophie liebt jedoch die Weisheit, weil sie ebenfalls tiefe und wichtige Wahrheiten finden will. Doch sie unterscheidet sich von ihr, weil sie es noch mehr liebt, dass ihr Wissen eindeutig ist und von unumstößlichen Argumenten begründet wird.

Giorgio Colli (1917-1979) war ein italienischer Philosoph, der die antiken Denker in ihrer Originalsprache (Griechisch und Lateinisch) las. Nur so war es ihm möglich, sich den Wurzeln ihrer Überlegungen zu nähern, ohne sich von den Deutungen einer Übersetzung täuschen zu lassen.

Denk nach mit Colli

Bitte deine Großeltern, dass sie dir von ihren Eltern erzählen. Verstehst du deine Großeltern jetzt besser? Und dich selbst, denn du stammst ja von ihnen ab?

Paul Feyerabend

Wenn du an all das denkst, was du in deinem bisherigen Leben entdeckt hast, wirst du merken, dass es oft durch Zufall geschah – so wie das mit dem Ball, der dir ins Wasser fiel. So hast du herausgefunden, dass er schwimmt, und hast gelernt, dass Körper, die Luft enthalten, an der Wasseroberfläche treiben.

Um die Welt zu erfahren, müssen wir bekannte Grenzen überwinden. Das ist die Aufgabe der Wissenschaft. Sie stellt Vermutungen an, sogenannte Hypothesen. Dann unternimmt sie dazu Versuche. Bestätigen die Versuche die Hypothesen, werden diese zu Naturgesetzen. Nach Feyerabend gelten solche Naturgesetze jedoch nicht ewig. Im Laufe der Zeit wird die Wissenschaft nämlich weitere Hypothesen aufstellen, die mehr Dinge noch genauer erklären und dann die alten Vermutungen ablösen.

Es kommt häufig vor, dass Entdeckungen nicht durch festgelegte Abläufe gemacht werden, sondern durch Zufall. So wie es dir mit dem Ball ergangen ist, so ist es Alexander Fleming passiert. Bei der Untersuchung von Schimmel, der sich auf den Kulturen für ein anderes Experiment gebildet hatte, entdeckte er das Penicillin.

Der ideale Wissenschaftler folgt nicht nur streng wissenschaftlichen Abläufen, sondern setzt zudem seine Fantasie ein und zweifelt bewiesene Theorien mutig an. Nur so können wir Fortschritte im Wissen machen.

Paul Feyerabend (1924-1994) war ein österreichischer Philosoph und Wissenschaftstheoretiker. Er untersuchte die Phänomene der menschlichen Gesellschaft und meinte, dass wissenschaftlicher Fortschritt nicht nur durch anerkannte Methoden entsteht.

Denk nach mit Feyerabend

Kennst du eine Erkenntnis der Wissenschaft, die durch Zufall entdeckt wurde und nicht durch eine wissenschaftliche Methode?

Gilles Deleuze

Was bedeutet für dich das Denken? Für Gilles Deleuze muss das Denken sich bewegen. Denn wenn es sich wie die Wurzeln eines Baumes verhält, die sich im Boden festkrallen und sich nicht fortbewegen, ist es kein echtes Denken. Es gibt jedoch eine sehr besondere Wurzel, die »Rhizom« heißt und die sich nicht wie die anderen Wurzeln verhält: Sie dringt nicht tief in den Boden ein, sondern breitet sich horizontal aus. Sie bewegt sich auf der Suche nach Nährstoffen ständig weiter. Und genauso muss sich auch das Denken verhalten. Es muss frei und nicht an geistige Gewohnheiten gebunden sein, damit es die Welt von mehreren Seiten betrachten und all ihre Facetten erkennen kann. Das Rhizom wechselt nämlich die Richtung: Gerade dann, wenn es scheinbar eine bestimmte eingeschlagen hat, streckt es sich hierhin und dorthin, mal über, mal unter der Erde.

Gäbe es eine geografische Karte des Denkens, wäre sie nach Deleuze ganz zerknittert und voller Falten. Von oben betrachtet, würden wir einen Weg erkennen. Aber es wäre unmöglich, den Standort des Denkens zu bestimmen, weil es sich immer weiterbewegt, ohne je anzuhalten, so wie die Nomadenvölker, die mit ihren Zelten wurzellos umherreisen.

Ein Gedanke hingegen, der niemals seine Position verändert, klebt in seinem engen Raum wie eine Statue fest und kann nirgendwo hin. Wenn wir also wirklich denken wollen, ist es nach Deleuze besser, dass unser Geist wie ein Rhizom umherwandelt, statt an einem Ort Wurzeln zu schlagen.

Gilles Deleuze (1925-1995) verdammte alle philosophischen Strömungen, Künste und Wissenschaften, die mit starren, unveränderlichen Regeln das Leben und die Welt einschränken wollen, nur damit Ordnung herrscht.

Mach's wie Deleuze

Zeichne den Weg deiner Gedanken auf einer ausgedachten Karte ein und hebe alle Hindernisse hervor, auf die du dabei gestoßen bist.

DIE FLÜSSIGE GESELLSCHAFT

Zygmunt Bauman

Du magst deine Großeltern, aber manchmal sagen sie: »Ich erinnere mich noch an meinen ersten Ball« oder »Wir haben damals nichts weggeworfen« oder »Wir haben mit den Freunden auf der Straße gespielt« ... Ja, wo haben die denn gelebt? Vor allem, wenn sie sagen: »Setz dich an den Tisch, es gibt Klopse!«, kommen dir deine Großeltern sehr alt vor. Für Bauman ist es nicht wichtig, wo *sie* lebten, sondern wo *du* lebst.

Du erinnerst dich vielleicht nicht mal an dein letztes Weihnachtsgeschenk von deiner Tante, und das Spiel, das dich vor vier Wochen noch begeistert hat, ist jetzt schon ein Museumsstück. Du wünschst dir ständig etwas Neues, du kaufst es, benutzt es eine Weile und wirfst es dann weg. Von wegen »man wirft nichts weg«! Bei dir zu Hause landet jeden Tag etwas im Müll. Macht doch nichts, denkst du, sonst wäre die Wohnung ja irgendwann voll mit altem Krempel. Und selbst deine Freunde ändern sich ständig. Du magst deinen besten Freund gern, aber er kommt jeden Tag zu dir ... dabei hast du auch noch anders zu tun, willst andere Freunde sehen: die vom Volleyball, vom Schwimmen und die aus der Schule. Von den Klopsen mal ganz zu schweigen! Die sind zwar lecker, aber du hältst es keine zwei Minuten am Tisch aus: Lieber wären dir ein paar Chips beim Computerspiel, bevor du die Hausaufgaben machst. Die musst du schnell erledigen, sonst kannst du nicht raus, und wenn du nicht rauskannst, erlebst du nichts Neues, lernst keine neuen Leute kennen und entdeckst nichts Neues, was du dir auch noch wünschen kannst. Um es mit Bauman zu sagen: Deine Großeltern sind nicht alt, sondern »solide«, das heißt, sie haben feste Gewohnheiten und Sicherheiten. Du hingegen bist flüssig wie Wasser und veränderst dich ständig. Du bleibst nie stehen. Wenn auch die Klopse flüssig wären und sich in einen hippen Shake verwandelten, könntest du sie auf deinen vielen Runden mitnehmen, ohne auf ihren Geschmack verzichten zu müssen. Aber vielleicht wäre das nicht dasselbe!

Zygmunt Bauman (1925-2017) war ein polnischer Philosoph und Soziologe. Er bezeichnete unsere Gesellschaft als »flüssig«, weil sich alles ständig verändert und zu Wegwerfprodukten wird, selbst die Beziehungen zwischen den Menschen.

Denk nach mit Bauman

Möchtest du später eine feste Arbeit haben oder lieber immer wieder den Job wechseln? Warum? Frage deine Großeltern, wie sie darüber denken.

DIE UNSICHTBARE MACHT

Michel Foucault

Hast du dir schon mal vorgestellt, wie es wäre, unsichtbar zu sein? Vor einem Fußballspiel könntest du in die Umkleide der Gegner schlüpfen und ihre Taktik herausfinden. Cool! Und das Gegenteil? Also, wie es wäre, von jemandem gesehen zu werden, den du nicht siehst? Quatsch! Unsichtbare Typen gibt es doch nur im Comic.

Und trotzdem dachte Michel Foucault, dass es jemanden gibt, oder besser, etwas, das sieht, ohne gesehen zu werden. Das ist die Macht, die alles rund um die Uhr kontrolliert. Um zu erklären, was diese Macht ist, erzählte Foucault von einem Gefängnis mit dem Namen »Panoptikum«. Darin sind die Zellen in einem Kreis angeordnet, und von einem Turm in der Mitte sieht der Wächter alles. Aber niemand kann erkennen, ob er da ist oder nicht. Den Gefangenen genügt allein die Vorstellung, überwacht zu werden, und daher halten sie sich an die Gefängnisregeln.

Nach Foucaults Überzeugung glauben wir heute, frei zu sein, aber es ist, als ob wir im Panoptikum wären. Es gibt keine Zellen und keinen Wächter, und doch »ist die Sichtbarkeit eine Falle«[20]. Wenn du auf der Straße an einer Überwachungskamera vorbeiläufst oder mit dem Handy telefonierst, dann beobachten dich diese Geräte. Du aber weißt gar nicht, wer oder was sich dahinter verbirgt – es ist die Macht, die du nicht siehst, so als wäre sie ein unsichtbarer Mensch. So eine Macht kann dich beruhigen, wenn du beispielsweise in einem See schwimmst und weißt, dass die Bademeisterin aufpasst und dich im Notfall rettet. In einem Anflug von Freiheitsdrang könntest du diese Macht jedoch mit ihren eigenen Waffen herausfordern und versuchen, dich unsichtbar zu machen. Du könntest mit Sturmhaube und Sonnenbrille durch die Gegend laufen. Du wärst dann zwar nicht zu erkennen, aber noch lange nicht unsichtbar. Doch warte … es gibt etwas, das niemand sieht: deinen Geist und dein Herz! Und wenn du dort mit deinem Fluchtplan beginnst?

Michel Foucault (1926-1984) war ein französischer Philosoph und Soziologe, der sich für Gefängnisse, Irrenanstalten, Schulen und Krankenhäuser interessierte. Er untersuchte ihre Organisation und analysierte, wie die Macht handelt und welche Beziehung es zwischen Macht und Wissen gibt.

Denk nach mit Foucault

Du bekommst die Gelegenheit, einen Tag lang unsichtbar zu sein:
Was machst du, um diese Gabe am besten zu nutzen?

Niklas Luhmann

Du schaust deine Lieblingsserie, als plötzlich … Werbung! Im spannendsten Moment führen dir glückliche junge Menschen die neuesten Sneakers vor. Wenig später geht deine Serie weiter, und dieser Werbespot, der mit voller Lautstärke mitten in den Film platzte, scheint nur eine kurze Störung gewesen zu sein. Niklas Luhmann hielt diese Unterbrechung jedoch für viel mehr, als sie auf den ersten Blick zu sein scheint. Die Bilder, die du gesehen hast, setzen sich nämlich in deinem Kopf fest, sodass du den starken Wunsch verspürst, genau diese Schuhe haben zu müssen – denn sie sind wirklich schön, und deine Freunde werden dich bewundern.

Wie kann es sein, dass die Schuhe so wichtig geworden sind? Auch wenn die Werbung sich an Millionen von Menschen richtet, lässt sie dich glauben, dass sie nur zu dir allein spricht – erklärte Luhmann. Sie sagt dir, was für dich gut ist, aber nicht, weil sie deinen Geschmack kennt. Die Werbung erschafft erst deinen Geschmack. Und nachdem sie das gemacht hat, sagt sie dir, dass du dich mit diesen Schuhen von den anderen unterscheiden wirst. Aber das sagt sie allen! Und so werdet ihr mit diesen Schuhen alle gleich. Doch schon bald gibt es eine neue Werbung für ein anderes Modell, und dann entsteht in dir der nächste Wunsch.

Es scheint, als sei Werbung ein echter Betrug. Merkwürdigerweise handelt es sich um eine Lüge, die dir sogar sagt: »Ich bin eine Lüge.« Und trotzdem glaubst du ihr. Und so redet die Werbung mit dir, nur dass du nicht antworten kannst. Es bleibt daher die Frage: Ist eine Lüge, die zugibt, eine zu sein, immer noch eine Lüge?

Niklas Luhmann (1927-1998) war Philosoph und Soziologe. Er dachte, dass die Art der Gesellschaft, in der wir leben, nicht von den Menschen abhängt, die sie bilden, sondern von der Art der Kommunikation, die zwischen ihnen stattfindet.

Hinterfrage Luhmann

Suche in der Gesellschaft etwas, das sich wie eine Werbung verhält.

DIE UNIVERSALGRAMMATIK

Noam Chomsky

Eines Tages bringt deine Lehrerin zwei gelbe Schachteln mit. Während ihr die Dinger neugierig anschaut, sagt sie: »Betrachtet diese beiden Objekte ganz genau und versucht, sie zu beschreiben.« Vielleicht möchtest du als Erstes sagen, dass beide Schachteln gleich gelb sind. Die Lehrerin könnte dir bestätigen, dass die Schachteln gelb sind. Aber wieso benutzt du das Wort »gleich«? Wenn du die Schachteln nämlich genau betrachtest, findest du heraus, dass sie doch unterschiedlich sind: Eine Schachtel ist größer als die andere. Und du bemerkst, dass auf den Schachteln weder ihre Maße noch das Wort »unterschiedlich« stehen.

Für Noam Chomsky kannst du diese Beobachtungen anstellen, weil in deinem Geist bereits das vorhanden ist, was du brauchst, um die Schachteln zu beschreiben. Um zu beweisen, dass das so ist, bezieht er sich auf eine Erzählung von Platon. Der antike griechische Philosoph berichtete darin, dass ein ungebildeter Sklave ein schwieriges geometrisches Problem mithilfe von wenigen Fragen löste, die er seinem Herrn stellte. Wie konnte der Sklave das Problem lösen, wenn er nichts über Geometrie wusste? Chomsky hält das für möglich, weil die Fähigkeit zu wissen uns angeboren ist, also zu unserem genetischen Erbe gehört: Wir werden bereits mit den Vorstellungen von Gleichheit, Maß und Farbe geboren, noch bevor sie uns andere beibringen.

Chomsky nennt diese angeborene Fähigkeit »Universalgrammatik«. Dank ihr lernen wir, uns mit Sprache auszudrücken und aus einer endlichen Anzahl von Wörtern unendlich viele Sätze zu bilden.

*Noam Chomsky (*1928) ist ein amerikanischer Sprachwissenschaftler. Er meint, dass die Menschen schon mit sprachlichen Strukturen geboren werden, diese also bereits besitzen, noch bevor sie Wörter und Grammatik lernen.*

Mach's wie Chomsky

Wähle vier Wörter und versuche, so viele Sätze wie möglich mit ihnen zu bilden.

Emanuele Severino

Wenn dich jemand fragt, ob du an nichts denken kannst, antwortest du vielleicht mit Ja. Emanuele Severino hingegen würde dir beweisen, dass selbst wenn du glaubst, es zu können, du doch an etwas denkst. Das Nichts ist tatsächlich *nichts*! Wenn du versuchst, es zu zeichnen, würdest du trotzdem etwas zeichnen: Etwas, das du »Nichts« nennst, aber das ist nicht das Nichts. Das Nichts gibt es tatsächlich nicht. Es gibt nur Dinge, die nicht da sind. Also sind die Kinder, die vor tausend Jahren Ball spielten, nichts? Und aus dem Kind, das du mit vier Jahren warst, ist ein Nichts geworden? Und der erwachsene Mensch, der du sein wirst, aber noch nicht bist, ist nichts? Severino sagte, dass diese Kinder, dein kleines und dein großes Ich, einfach nur verschwunden sind, das heißt, ihr seid aus der »Erscheinung« getreten. Diese Erscheinung ist das Licht, das die Gegenwart erhellt, also der einzige Ort, an dem du leben kannst. Jetzt geh in Gedanken in ein dunkles Zimmer. Wenn du herauskommst, fragen die anderen dich: »Was ist dir da drin erschienen?« Du antwortest: »Nichts!« Wenn du wieder in das dunkle Zimmer trittst und jemand das Licht anmacht, würdest du später bei derselben Frage all die Dinge aufzählen, die dir dort erschienen sind. Und trotzdem ist das Zimmer dasselbe, und diese Dinge waren immer da, auch als es dunkel war und du sie nicht sehen konntest.

Die Erscheinung ist wie ein Licht, das uns erlaubt, die Dinge zu sehen, die es beleuchtet. Die Dinge außerhalb dieses Lichtes liegen im Dunkeln, aber sie sind da. Also gibt es das Nichts nicht, und alle Dinge, weil sie immer existieren, sind »ewig«. Überlege Folgendes: Wenn du einen Film siehst, siehst du nur das Bild, das vor dir erscheint. Aber das, was gerade passiert ist, oder das, was gleich passieren wird, ist trotzdem da, auch wenn du es nicht siehst. Es war auch da, bevor du den Film gesehen hast, und wird auch hinterher noch da sein.

Emanuele Severino (1929-2020) war ein italienischer Philosoph. Für ihn ist es nicht wahr, dass Dinge oder Menschen vom Sein zum Nichts werden, sondern alles gibt es schon immer und für immer.

Hinterfrage Severino

Versuche das Nichts zu denken: Gelingt es dir?

DAS LETZTE TORTENSTÜCK

Jürgen Habermas

Hast du dich schon mal mit deiner Schwester um das letzte Tortenstück gestritten? Du denkst dir einen Vorwand aus, um sie abzulenken, damit du es dir schnappen kannst. Oder du schreist sie an, dass das letzte Stück deines ist. Jürgen Habermas würde dazu Folgendes sagen: Wenn du so handelst, ist die Welt für dich ein Ort, an dem du Strategien anwenden musst, um das zu bekommen, was du willst. Notfalls musst du auch Gewalt einsetzen, um den zu besiegen, der das Gleiche will wie du.

Aber wir können uns die Welt auch anders vorstellen. Wenn du bei deinem Handeln bedenkst, dass auch alle Menschen das Recht haben, in Würde zu leben, wird die Welt für dich zu einem Ort, an dem es Regeln und Werte gibt, die befolgt und respektiert werden müssen. Obwohl du dir also etwas ganz doll wünschst, wie das letzte Tortenstück, könntest du darauf verzichten oder dich entscheiden, es mit deiner Schwester zu teilen.

Mit deinem Verhalten zeigst du den anderen immer, wer du bist, so als wärst du ein Schauspieler auf einer Bühne, der anstelle einer Rolle sich selbst darstellt. Das Publikum (das sind alle Mitglieder unserer Gesellschaft) kann ebenfalls auf diese Bühne kommen und das Gleiche tun. Genau das passiert jedes Mal, wenn wir Ansichten teilen, etwas erschaffen oder uns anderen gegenüber auf eine bestimmte Weise verhalten.

Habermas nennt das »kommunikatives Handeln«. In einer gerechten Welt sollten wir dies dem »instrumentellen Handeln« vorziehen, bei dem wir andere Menschen nur als Hindernisse oder Mittel ansehen, um das zu bekommen, was wir wollen.

*Jürgen Habermas (*1929) ist Soziologe und Philosoph. Seine Untersuchung der Gesellschaft beruht auf einer Ethik, die sich am kommunikativen Handeln orientiert und nicht am instrumentellen.*

Denk nach mit Habermas

Wenn du mit deinen Freunden redest, handelst du dann kommunikativ oder instrumentell?

Jean Baudrillard

Denk mal an deinen letzten Ausflug in die Berge: Wie viele Fotos haben du und deine Familie mit dem Smartphone gemacht? Am Wasserfall, von den Gämsen, du, wie du auf den Wegweiser zeigst, wie du dir die Wanderstiefel schnürst oder in ein Brötchen beißt. Ihr habt viele Fotos, alle irgendwie ähnlich, strahlend, glänzend und scharf. Vielleicht postet ihr ein paar davon in den sozialen Medien. Baudrillard würde sagen, dass dein Ausflug in die Berge sich von einer einfachen Wirklichkeit in eine »Hyperrealität« verwandelt hat, also in eine gigantisch große Wirklichkeit: Der Ausflug wurde in allen Einzelheiten fotografiert. Alle können ihn sehen und gewissermaßen miterleben, und das macht ihn noch wahrhaftiger.

Jetzt nimm ein Foto deiner Oma, als sie jung war. Findest du nicht, dass es etwas hat, was deine Fotos nie haben werden? Du merkst es daran, dass du es stundenlang ansehen könntest. Es ist einzigartig. Durch deine eigenen Bilder klickst du hingegen rasch durch. Du weißt wahrscheinlich, dass das Foto von deiner Oma, als es gemacht wurde, nicht sofort sichtbar war. Es hat sich erst als Negativ auf eine Filmrolle eingebrannt, dann wurde es in der Dunkelkammer zu dem Bild entwickelt, das du in der Hand hältst. Es scheint, als würde es ein stilles Geheimnis hüten. Dabei handelt es sich um etwas Abwesendes: Dieses Foto lässt dich die »Abwesenheit« deiner Großmutter spüren, vielleicht weil sie nicht mehr lebt, vielleicht weil es Dinge gibt, die das Foto dir über sie nicht erzählt. Diese Abwesenheit führt dazu, dass du dir deine Oma vorstellst. Auf den Bildern aus den Bergen ist so viel zu sehen, dass du dir gar nichts mehr vorstellen brauchst. Baudrillard würde sagen, dass die Fotos, die du gemacht hast, die Wirklichkeit deines Ausflugs aufgelöst haben. Für ihn haben die heutigen Bilder die Wirklichkeit verschluckt.

Jean Baudrillard (1929-2007) war ein französischer Fotograf und Philosoph. Er untersuchte, wie sich das Verhältnis zwischen der Wirklichkeit, die wir erleben, und den Massenmedien, die sie abbilden, verändert hat.

Denk nach mit Baudrillard

Versuche, auf deinem nächsten Ausflug nur ein Bild zu machen.
Welches erzählt mehr: dieses eine oder die vielen Fotos vom Ausflug davor?

DIE WIR-BRÜCKE

Luce Irigaray

Früher war den Menschen die Unterscheidung zwischen männlich und weiblich sehr wichtig. Heute ist sie es weniger, auch wenn es sich für Luce Irigaray um eine bedeutende Unterscheidung handelt. Denn Männer und Frauen sind unterschiedlich, das fängt schon bei ihren Körpern an.

Die Menschheit besteht aus zwei verschiedenen Geschlechtern, doch die Geschichte hat lange Zeit nur eines berücksichtigt. Rate mal welches? Die Frau ist immer als eine Art Mann angesehen worden, dem etwas fehlt. So aber sollte man einen Unterschied nicht beschreiben. Du stellst ja die Nacht auch nicht als »einen Tag ohne Sonnenlicht« dar. Du beschreibst sie wahrheitsgemäß, wenn du sagst, dass sie »aus Dunkelheit mit Mond und Sternen besteht«.

Der Weg zur Gleichstellung der Geschlechter ist noch lang, aber für Irigaray werden wir, Jungs und Mädchen, Männer und Frauen, uns dann endlich als das erfahren können, was wir sind: zwei unterschiedliche Subjekte, die einander an den zwei Ufern eines Flusses gegenüberstehen. Jedes Subjekt hat seine eigene Sprache. Von unserer Seite aus können wir aber eine Brücke bauen, um miteinander zu reden und uns auszutauschen. Diese Brücke reicht von einem Ufer zum anderen. Männer und Frauen tragen jeweils ihren ganz eigenen Teil dazu bei. Diese Brücke kann nur von zwei gegenüberliegenden Ufern entstehen, indem wir unsere Differenzen anerkennen, ohne eine Rangordnung zu schaffen.

*Luce Irigaray (*1930) ist eine belgische Philosophin und Psychoanalytikerin. Als Teil der Frauenbewegung befasst sie sich mit der weiblichen Sprache und dem weiblichen Denken, um die Probleme der Differenz und der Demokratie zu lösen.*

Mach's wie Luce Irigaray

Wenn du ein Junge bist: Welche Eigenschaften hat ein Mädchen?
Wenn du ein Mädchen bist: Welche Eigenschaften hat ein Junge?

DIE STIMME UND DAS GESCHRIEBENE

Jacques Derrida

Schreiben lernen wir in der Schule, und anfangs ist das ganz schön mühsam. Vielleicht drückst du dich beim Reden besser aus, weil du sagen kannst, was du willst, und dich sofort verbessern kannst, wenn du einen Fehler machst. Außerdem bist du anwesend, wenn du redest. Du bist bei den Worten, die du sagst. Die geschriebenen Worte hingegen sind weit weg. Sobald du sie auf ein Blatt Papier gebracht hast, sind sie nämlich nicht mehr in dir. Und doch ist klar, dass du schreibst und immer wieder schreiben wirst: Gedanken oder Sprüche in ein Tagebuch, Namen auf eine Mauer, Chats, Mails, Einkaufslisten. Aber wenn wir unsere Stimme haben, wozu brauchen wir dann das Schreiben? Derrida schrieb sehr viel, und weißt du, warum? Um eine Spur von sich zu hinterlassen. Neben Büchern schrieb er auch sehr gern Postkarten. Wahrscheinlich hast du auch schon mal eine Karte aus dem Urlaub verschickt und geschrieben: »Hier ist es super. Ich bin glücklich!« Wenn du einem Freund sagst, dass du glücklich bist, verhallt deine Stimme sofort. Aber das, was du geschrieben hast, verschwindet nicht, sondern bleibt auf der Postkarte, die du in den Briefkasten wirfst und die dann auf eine Reise geht. In einem Flugzeug oder einem Transporter gelangt sie zu deinem Freund. Vielleicht landet sie auch woanders, und ein Fremder liest sie. Aber sie geht nie verloren, sie wird immer irgendwo sein. Sie wird immer da sein, auch ohne dich oder deinen Freund, für den sie bestimmt war. Die Karte bleibt, und das Geschriebene geht über das hinaus, was du mit deiner Stimme hättest sagen können: Denn wie drückst du beim Sprechen beispielsweise ein Ausrufezeichen aus?

Also ist das Schreiben, das leiser ist als die Stimme, doch mehr. Durch den Unterschied zwischen dem, was du geschrieben hast, und dem, was du sagen wolltest, und durch den Abstand zwischen euch ist das Geschriebene mehr, weil es eine Spur hinterlässt. Du musst nur lesen können, was auf einer Postkarte, auf einem Bildschirm oder deinem Handy steht.

Jacques Derrida (1930-2004) war der französische Philosoph des Dekonstruktivismus. Diese besondere Lesart von Texten befasst sich nicht mit ihrem allgemeinen Sinn, sondern mit dem, was sie nicht sagen, und ihren verborgenen Widersprüchen.

Mach's wie Derrida

Schreib einen wichtigen Gedanken auf ein Blatt, stecke es in eine Flasche und stelle sie auf eine Parkbank. Wer weiß, wer deine Spur lesen wird ...

Umberto Eco

Welches Buch hast du zuletzt gelesen? Vielleicht schaust du ja viel lieber Serien. Klar, für die Schule musst du Bücher lesen, aber nach den Hausaufgaben schaltest du rasch deine Lieblingsserie ein.

Wenn Lesen für dich eine nervige Pflicht ist, die dir keinen Spaß macht, kann Umberto Eco vielleicht deine Meinung ändern. Es gibt einen Ort, wo du keine brandneuen Bücher findest, die du kaufen kannst, sondern Bücher mit Eselsohren oder unterstrichenen Sätzen oder einem umkreisten Wort. Oder mit Kaffeeflecken. Sie erzählen die Geschichte der Menschen, die sie gelesen haben.

Dieser Ort ist die Bibliothek, ein magisches Labyrinth aus Worten. Du gehst da hin, weil du ein bestimmtes Buch suchst. Doch dann findest du eines, das du gar nicht wolltest, und denkst: Das will ich lesen!

Und wenn das jedes Mal passiert, wenn du in die Bibliothek gehst? Die Bücher, die du noch nicht gelesen hast, oder die vielleicht noch nicht mal geschrieben wurden, werden irgendwann sehr viel wertvoller sein als die, die du schon gelesen hast. Das passiert nach Eco, weil jedes Buch dich neugierig macht.

Aber nicht nur das ist die Magie der Bibliothek: Jedes Buch in den Regalen ist ein magischer Zauber, weil du mit jeder neuen Geschichte in ein anderes Leben eintauchen kannst. Je mehr Bücher du also liest, umso mehr Leben sammelst du und umso mehr Gelegenheiten bieten sich dir, deine Meinung zu ändern und die Welt noch besser zu verstehen.

Umberto Eco (1932-2016) untersuchte die Zeichen und die Sprache. Dem italienischen Philosophen kam es vor, als würde er dabei eine Lüge untersuchen. Denn Worte sagen nicht immer die Wahrheit, sondern geben oft nur die Deutungen der Menschen wieder.

Mach's wie Eco

Suche im Internet die Bibliothek von Umberto Eco und mache mit ihm einen Rundgang.

DIE VERDECKUNG VON AMERIKA

Enrique Dussel

Was ist eine Entdeckung? Beim Feuer oder der DNA können wir sagen, dass Entdecken bedeutet, eine Sache herauszufinden, von der vorher niemand etwas wusste.

Große Entdeckungen verändern die Welt. 1492 war ein denkwürdiges Datum, das in allen Geschichtsbüchern steht, denn in diesem Jahr wurde Amerika entdeckt. Doch für Enrique Dussel ist das großer Unsinn. 1492 veränderte sicherlich die Welt, aber nicht weil Amerika entdeckt, sondern weil es *verdeckt* wurde! Amerika existierte ja schon. Es trug natürlich nicht den europäischen Namen. Aber es war da und wurde von Indios bewohnt, die mit ihrer Kultur die Erde, die Naturkreisläufe und das Leben respektierten. Als jedoch die Europäer dort an Land gingen, verbargen sie diese Zivilisation unter einer großen roten Decke. Darauf stickten sie ihre Lebensart, und mit ihrem absoluten Machtwillen unterdrückten sie die Indigenen und die Natur. Sie drängten den Ureinwohnern also das auf, was sie »Moderne« nannten.

Aber die Zivilisationen, die in der Vergangenheit mit dieser Decke verdeckt wurden, werfen sie heute ab und legen ihre eigenen Wurzeln wieder frei. Von Südamerika bis Indien, von China bis Afrika fragen sich die Völker: »Wer sind wir?« Und weißt du auch, warum? Weil die Moderne, die Europa überall hingebracht hat, für die Zerstörung der Erde verantwortlich ist. Denk nur an die Umweltverschmutzung oder an die hungernden Menschen. Während sich also manche fragen, wie sie die Erde retten können, fangen die bis heute unterdrückten Gesellschaften an, ein neues Weltgewebe zu bilden. Das soll keine Decke mehr sein, die etwas oder jemanden verdeckt, sondern ein bunter Teppich, der vom Lebenswillen und nicht von Macht erzählt, von Freiheit und nicht von Eroberung. Vielleicht ist das ja die wahre Entdeckung der Menschheit.

*Enrique Dussel (*1934) gehört zu den Begründern der Befreiungsphilosophie. Diese Bewegung kritisiert die zentrale Rolle Europas und fordert eine Zukunft, in der alle Kulturen sich frei ausdrücken können und so eine neue Weltepoche einleiten.*

Hinterfrage Dussel

Gibt es in deiner Klasse Kinder, die aus fernen Ländern kommen? Möchtest du ihre Kultur kennenlernen? Oder willst du ihre Kultur mit deiner verdecken?

DAS SCHWACHE DENKEN

Gianni Vattimo

Gibt es Vampire? Du wirst sagen: »Natürlich nicht! Das sind doch nur Legenden!« Trotzdem hat Graf Dracula im 15. Jahrhundert wirklich in Transsilvanien gelebt und ist das Vorbild für alle Vampirgeschichten. Was ist also die Wahrheit? Für Gianni Vattimo gibt es keine absolute Wahrheit, die für alle und für immer gilt. Das, was wir Wahrheit nennen, ist nur unsere Deutung.

Vattimo nennt diese Art, unser Wissen zu betrachten, »schwaches Denken«. Dagegen steht das »starke Denken«, das an die Existenz einer absoluten Wahrheit glaubt. Das starke Denken ist intolerant, während das schwache Denken offen ist für die Auseinandersetzung mit anderen Meinungen; es ist tolerant. In Gesprächen bekommen die Menschen Gelegenheit, ihre Meinung zu überdenken und vielleicht sogar zu verändern.

Diejenigen, die Graf Dracula im 15. Jahrhundert kennengelernt hatten, glaubten an die Existenz von Vampiren. Dieser Glaube schwächte sich im Laufe der Zeit ab, weil die Meinungen sich nicht nur im Gespräch verändern, sondern weil die Welt in den verschiedenen Epochen ganz unterschiedlich gedeutet wurde. Solche Interpretationen formten nämlich die Geschichte, die wie ein Schrank ist, in dem alte und neue Dinge liegen: Wenn du hineinsiehst, kannst du die Geschichte der Dinge immer wiedererleben, die die Menschen durch ihre Deutungen für wahr gehalten haben. Mit neuen Deutungen kannst du jedoch eine neue Geschichte erschaffen, die du dann mit anderen Menschen teilst.

*Gianni Vattimo (*1936) denkt, dass die Epoche vorbei ist, in der die Vernunft unumstößliche Erklärungen liefert. An ihrer Stelle können viele unterschiedliche Gedanken nebeneinander bestehen und sich miteinander austauschen.*

Denk nach mit Vattimo

Wie beurteilst du deine Ideen? Sind es absolute Wahrheiten oder Deutungen?

Gayatri Spivak

Was tust du, wenn du mit jemandem einer Meinung bist? Du sagst es ihm und benutzt dafür deine Stimme, oder? Du drückst deinen Standpunkt aus. Aber das, was deine Stimme vor allem mitteilt, ist: »Ich bin da.«

Aber es gibt Menschen, die nicht sprechen können, obwohl sie eine Stimme haben. Gayatri Spivak nennt sie die »Subalternen«. Die Subalternen sind die Untergeordneten. Das sind die Armen, die Migranten, die Ausgestoßenen und manchmal auch die Frauen. Es sind die, die in der Welt nichts zählen. Ihnen gegenüber stehen die Mächtigen. Findest du die Ungleichheit zwischen Armen und Reichen, Herrschern und Beherrschten, Nord und Süd, Männern und Frauen richtig? Wahrscheinlich nicht, und wenn du die Schwächsten verteidigen willst, kannst du deine Stimme benutzen. Aber, sagt Spivak, du wärst wie ein Bauchredner, der so tut, als würde die Puppe in seiner Hand sprechen, während wir in Wirklichkeit nur seine Stimme hören.

Wenn du beispielsweise anstelle deiner neuen Mitschülerin aus einem anderen Land redest, weil du sie vor dem Mobbing der anderen in Schutz nehmen willst, verdeckst du ihre Stimme mit deiner: Indem du ihr beistehen willst, machst du sie zu einer hilfsbedürftigen Person. So bleibst du der oder die Starke und sie die Schwache, du bist der oder die Mächtige, sie ist die Subalterne.

Sie selbst müsste sprechen. Aber um gehört zu werden, müsste sie deine Sprache benutzen. Wenn sie das täte, wäre es, als würde sie zugeben: »Seht ihr, wie mächtig ihr seid? Ich muss eure Worte benutzen, weil meine nicht zählen.« Ihre Stimme kann also nie auf die gleiche Art »Ich bin da« sagen wie du. Für Spivak ist die Lösung dieses Problems eine Revolution, für die es ihrer Meinung nach »noch kein Vorbild« gibt. So eine Revolution hat nämlich noch nie stattgefunden. Kannst du dir so etwas vorstellen?

*Gayatri Spivak (*1942) kritisiert die herrschende westliche Kultur, die die Welt gespalten hat. Die indische Philosophin interessiert sich für die Subalternen, die Ausgeschlossenen und alle, die kein Recht besitzen, für sich selbst zu sprechen.*

Hinterfrage Gayatri Spivak

Finde heraus, wie man in der Sprache deiner fremden Freundin sagt: »Hallo, wie geht es dir?« Begrüße sie so und beobachte ihre Reaktion.

Martha Nussbaum

In den meisten Geschichten, die du kennst, besiegt der Held den Bösewicht. So triumphiert das Gute über das Böse, weil es stärker ist.

Für Martha Nussbaum aber ist die Haupteigenschaft des Guten überhaupt nicht seine Stärke, sondern viel mehr seine Zerbrechlichkeit. Das Gute ist wie ein dünnes Kristallglas, das schon beim leichtesten Stoß in tausend Teile zerspringt. Denn wir Menschen vollbringen das Gute, und wir sind aus verschiedenen Gründen sehr zerbrechlich. Zunächst einmal haben wir Gefühle, die uns gegenüber dem Bösen verwundbar machen, so wie Kryptonit Superman schadet. Aber ohne Gefühle wäre unser Leben unecht: Wir hätten keine Freunde, keine Wünsche und nicht mal Lust, etwas zu tun. Zum Leben brauchen wir viele Dinge, die genauso zerbrechlich sind wie wir. Es besteht nämlich immer das Risiko, sie zu verlieren, vor allem, wenn unsere vielen und unterschiedlichsten Wünsche uns ein Gefühl von Zerrissenheit vermitteln.

Denk mal an den Tag, als du deine neuen Rollerblades ausprobieren wolltest. Dafür hättest du deinen Freund alleinlassen müssen, der extra wegen dir gekommen ist. Du musstest dich entscheiden und wolltest das Gute wählen, also deine Freundschaft pflegen und mit deinem Freund zusammensein. Allerdings zahlt sich das Gute nicht immer aus, und manchmal ist es wirklich mühsam, die richtige Entscheidung zu treffen. Und dann kommt auch noch der Zufall ins Spiel. Er entscheidet manche Dinge, so wie damals, als dein Freund dich plötzlich stehen ließ, um Basketball zu spielen. Gegenüber dem Zufall fragst du dich vielleicht: »Wozu nützt das Gute dann?« Und hier sagt Nussbaum etwas ganz Wichtiges: Wenn wir immer sicher wären, dass unser Handeln Erfolg hat, würden wir uns nie verbessern wollen und wären wie eine Blume, die niemals blüht.

*Martha Nussbaum (*1947) ist eine amerikanische Philosophin und befasst sich mit den Problemen der sozialen Ungerechtigkeit und der Gleichstellung von Männern und Frauen. Sie untersucht hauptsächlich die Gefühle.*

Denk nach mit Martha Nussbaum

Erinnere dich an das letzte Mal, als du was Gutes tun wolltest. Wie ist es ausgegangen?

DER BLINDE SPIEGEL

Judith Butler

Was bedeutet es, männlich oder weiblich zu sein? »Mit einem männlichen oder weiblichen Körper geboren zu werden«, scheint die offensichtliche Antwort zu sein. Für Judith Butler jedoch ist das Geschlecht – männlich oder weiblich – nichts, das uns die Natur zuweist. Es entsteht aus den Gesten und Handlungen, die die Menschen in der Gesellschaft und der Geschichte wiederholt haben.

So glauben wir, dass einige Verhaltensweisen – wie das Treten eines Balls – männlich sind. Wir erwarten, dass ein männlicher Körper dies tut, während wir andere Handlungen – wie Ballett – von einem weiblichen Körper erwarten.

Versuch mal, so zu tun, als lebtest du in einer Welt, in der alle Spiegel blind sind. Du kannst dein Spiegelbild nicht gut erkennen. Du vertraust auf das, was du in dir drin fühlst. Die anderen hingegen können dein Äußeres sehen und kleben ein Schild mit der Aufschrift »Mann« oder »Frau« auf deinen Körper. Sie erwarten dann, dass du dich auch so verhältst. Du aber kannst in den blinden Spiegeln nicht mal das Schild sehen und verhältst dich weiter wie immer. Eines Tages erzählt dir ein Freund, dass er gehänselt und manchmal sogar ausgegrenzt wird. Sein Schild sagt, dass er ein Mann ist, aber innerlich fühlt er sich als Frau. Um von den anderen akzeptiert zu werden, hat er jedoch beschlossen, nicht auf das zu hören, was er fühlt. Für Judith Butler ist der Körper privat, weil er uns gehört, aber auch öffentlich, weil wir ihn mit uns herumtragen und uns mit ihm ausdrücken. Deshalb wollen die anderen ihm ein Schild aufdrücken: »Mann« oder »Frau«. Aber das machen sie nur aus Gewohnheit. Reicht ein Körper denn wirklich aus, um zu einem Geschlecht zu gehören?

*Judith Butler (*1956) ist amerikanische Philosoph:in und engagiert sich in der Politik und Queer-Theorie. Butler hat sich mit der Definition von »Gender« befasst, also mit den Merkmalen, die Männlichkeit und Weiblichkeit bestimmen und unterscheiden.*

Mach's wie Judith Butler

Untersuche die Natur von Schnecken und Seepferdchen:
Zu welchem Geschlecht gehören sie?

Die Autoren

Umberto Galimberti

hat Kulturanthropologie, Geschichtsphilosophie, allgemeine und dynamische Psychologie an der Universität Ca' Foscari in Venedig unterrichtet. Seit 1985 ist er ordentliches Mitglied der International Association of Analytical Psychology. Von 1986 bis 1995 hat er für die Zeitung *Il Sole-24-Ore* geschrieben, seit 1995 arbeitet er für die Zeitung *La Repubblica*. Er hat zahlreiche philosophische und psychologische Bücher herausgebracht. Auf Deutsch sind von ihm *Die Sache mit der Liebe*, *Liebe* und *Die Seele* erschienen. Für Jugendliche hat er zusammen mit Anna Vivarelli *Das große Buch der Gefühle* geschrieben.

Irene Merlini

wurde 1978 in den Abruzzen geboren. 2003 hat sie ihren Abschluss in Philosophie an der Staatlichen Universität Mailand gemacht und arbeitete als philosophische Beraterin. In den Abruzzen entwickelte sie philosophische Events – vom philosophischen Aperitif bis zum sokratischen Dialog. Seit 2005 arbeitet sie in den Schulen der Region und bildet Schüler und Lehrer im Bereich der Philosophy for children/for commumity aus.
Irene Merlini schreibt Kinderbücher, entwickelt Brettspiele und Multimedia-Anwendungen. Sie hat zusammen mit Maria Luisa Petruccelli das Buch *Le pecore filosofe. Dove sono io?* (Edizioni Esperidi, 2015) geschrieben, welches das alltägliche philosophische Denken und den Ideenaustausch verbreiten und fördern soll.

Maria Luisa Petruccelli

wurde 1977 in Apulien geboren. Sie hat Philosophie an der Staatlichen Universität Mailand studiert und sich auf philosophische Beratung spezialisiert. Sie arbeitete als Dozentin für Philosophische Autobiografie und für Philosophy for Children (P4C) an der School of Philosophical Research in Mailand. Seit 2008 gibt sie Kurse und Workshops zu philosophischen Praktiken und unterrichtet P4C an Grund- und Sekundarschulen. Für die Online-Zeitung *Mediterranea* schrieb sie über philosophische Themen. Sie ist Mitautorin des Buchs *Le pecore filosofe. Dove sono io?* (Edizioni Esperidi, 2015).

Die Illustratorinnen

Isabella Bersellini Parmenides, 36 · Hypathia, 58 · Thomas Hobbes, 82 · David Hume, 102
Arthur Schopenhauer, 116 · Albert Einstein, 142 · Hans-Georg Gadamer, 160
Marshall McLuhan, 182 · Jürgen Habermas, 202 · Gianni Vattimo, 214

Nanà Dalla Porta Pythagoras, 28 · Hippokrates, 46 · Thomas von Aquin, 66
Baruch Spinoza, 90 · Karl Marx, 122 · Henri-Louis Bergson, 134 · Günther Anders, 162
Roland Barthes, 184 · Emanuele Severino, 200 · Martha Nussbaum, 218

Anna Grimal López Konfuzius, 32 · Sokrates, 42 · Avicenna, 62 · Blaise Pascal, 86
Immanuel Kant, 106 · William James, 124 · Karl Jaspers, 144 · Karl Popper, 164
Hannah Arendt, 172 · Umberto Eco, 210

Gaia Inserviente Zenon von Elea, 40 · Aristoteles, 52 · Francis Bacon, 78 · John Locke, 88
Johann Gottlieb Fichte, 110 · John Dewey, 136 · Claude Lévi-Strauss, 178
Paul Feyerabend, 188 · Niklas Luhmann, 196 · Judith Butler, 220

Chiara Luzi Anaximander, 24 · Demokrit, 44 · Augustinus von Hippo, 60 · Galileo Galilei, 80
Jean-Jacques Rousseau, 104 · Søren Kierkegaard, 120 · Edmund Husserl, 132
Edith Stein, 154 · Simone Weil, 180 · Jean Baudrillard, 204

Giorgia Marras Umberto Galimberti, 8 · Buddha, 30 · Anselm von Canterbury, 64
Descartes, 84 · Voltaire, 100 · Cesare Beccaria, 108 · Sigmund Freud, 128
José Ortega Y Gasset, 146 · Maria Zambrano, 166 · Giorgio Colli, 186 · Jacques Derrida, 208

Anna Masini Empedokles, 38 · Lucius Annäus Seneca, 56 · Michel de Montaigne, 74
Montesquieu, 98 · Charles Darwin, 118 · Max Weber, 138 · Ludwig Wittgenstein, 150
Emmanuel Lévinas, 170 · Zygmunt Bauman, 192 · Gayatri Spivak, 216

Marta Pantaleo Thales von Milet, 22 · Epikur, 54 · Wilhelm von Ockham, 68
Thomas Morus, 72 · George Berkeley, 96 · Friedrich Nietzsche, 126 · Martin Heidegger, 152
Jean-Paul Sartre, 168 · Gilles Deleuze, 190 · Luce Irigaray, 20

Giulia Tomai Heraklit von Ephesos, 34 · Diogenes von Sinope, 50 · Erasmus von Rotterdam, 70
Gottfried Wilhelm Leibniz, 92 · Georg Wilhelm Friedrich Hegel, 112 · Bertrand Russell, 140
Herbert Marcuse, 158 · Simone de Beauvoir, 174 · Michel Foucault, 194 Enrique Dussel, 212

Lucilla Tubaro Laotse, 26 · Platon, 48 · Giordano Bruno, 76 · Giambattista Vico, 94
Friedrich Schelling, 114 · Émile Durkheim, 130 · Gaston Bachelard, 148 · Walter Benjamin, 156
Maurice Merleau-Ponty, 176 · Noam Chomsky, 198

Anmerkungen

1 Aristoteles, Metaphysik, Übersetzung: Hermann Bonitz, Felix Meiner Verlag, Hamburg, o. J., S. 1 ff.
2 Immanuel Kant, Beantwortung der Frage: Was ist Aufklärung, Berlinische Monatsschrift 4, 1784, S. 481.
3 Friedrich Nietzsche, Jenseits von Gut und Böse, Drittes Hauptstück, Das religiöse Wesen, 61-62
4 Die Vorsokratiker, hg. Wilhelm Capelle, Kröner Verlag, Stuttgart, 1968, S. 83 ff.
5 Die Vorsokratiker, hg. Wilhelm Capelle, Kröner Verlag, Stuttgart, 1968, S. 163 ff.
6 Ebda.
7 Ebda., S 164
8 Ebda., S. 165
9 Anselm von Canterbury, Proslogion, lateinisch/deutsch. Edition von F.S. Schmitt, S. Anselmi Opera omnia (Seckau 1938, Edinburgh 1942), übersetzt von Hans Zimmermann, Görlitz 2006, 2. Kapitel
10 Thomas von Aquin, Summa theologica, Übers. von Dominikanern u. Benediktinern Deutschlands u. Österreichs. Vollst., ungekürzte dt.-lat. Ausg, Graz [u. a.]: Styria, früher teilw. im Pustet-Verl., Salzburg, teilw. im Kerle-Verl., Heidelberg u. Verl. Styria Graz, Wien, Köln, 1933 ff., 34 Bde.
11 Michel de Montaigne, Les Essais, Buch 3, Kapitel 13, 1595, https://bribes.org/trismegiste/montable.htm
12 VEB Bibliographisches Institut Leipzig, Geflügelte Worte, Leipzig, 1981
13 G.W. Leibniz: *Monadologie*, § 32; Suhrkamp, 1998, S. 27
14 Sigmund Freud, Eine Schwierigkeit der Psychoanalyse, aus: *Imago. Zeitschrift für Anwendung der Psychoanalyse auf die Geisteswissenschaften V* (1917). S. 1-7, https://www.gutenberg.org/files/29097/29097-h/29097-h.htm
15 Karl Jaspers, Von der Wahrheit, Wissenschaftliche Buchgesellschaft, Darmstadt, 3. Aufl. 1983 [(1) 1947], XXIII, 1103.
16 Günther Anders, Die Antiquiertheit des Menschen, Über die Seele im Zeitalter der zweiten industriellen Revolution, C. H. Beck, München, 1956, S. 7.
17 Simone de Beauvoir, Das andere Geschlecht. Sitte und Sexus der Frau, Rowohlt, Hamburg 1951, S. 265.
18 Die Vorsokratiker, hg. Wilhelm Capelle, Kröner Verlag, Stuttgart, 1968, S. 132
19 Die Vorsokratiker, hg. Wilhelm Capelle, Kröner Verlag, Stuttgart, 1968, S. 135
20 Michel Foucault, Überwachen und Strafen, Suhrkamp, Berlin, 2019, S. 257